I0014209

Olivier Pons

Sites Web haute performance multilingues multi-partenariats

Olivier Pons

Sites Web haute performance multilingues multi-partenariats

Éditions universitaires européennes

Impressum / Mentions légales

Bibliografische Information der Deutschen Nationalbibliothek: Die Deutsche Nationalbibliothek verzeichnet diese Publikation in der Deutschen Nationalbibliografie; detaillierte bibliografische Daten sind im Internet über http://dnb.d-nb.de abrufbar.
Alle in diesem Buch genannten Marken und Produktnamen unterliegen warenzeichen-, marken- oder patentrechtlichem Schutz bzw. sind Warenzeichen oder eingetragene Warenzeichen der jeweiligen Inhaber. Die Wiedergabe von Marken, Produktnamen, Gebrauchsnamen, Handelsnamen, Warenbezeichnungen u.s.w. in diesem Werk berechtigt auch ohne besondere Kennzeichnung nicht zu der Annahme, dass solche Namen im Sinne der Warenzeichen- und Markenschutzgesetzgebung als frei zu betrachten wären und daher von jedermann benutzt werden dürften.

Information bibliographique publiée par la Deutsche Nationalbibliothek: La Deutsche Nationalbibliothek inscrit cette publication à la Deutsche Nationalbibliografie; des données bibliographiques détaillées sont disponibles sur internet à l'adresse http://dnb.d-nb.de.
Toutes marques et noms de produits mentionnés dans ce livre demeurent sous la protection des marques, des marques déposées et des brevets, et sont des marques ou des marques déposées de leurs détenteurs respectifs. L'utilisation des marques, noms de produits, noms communs, noms commerciaux, descriptions de produits, etc, même sans qu'ils soient mentionnés de façon particulière dans ce livre ne signifie en aucune façon que ces noms peuvent être utilisés sans restriction à l'égard de la législation pour la protection des marques et des marques déposées et pourraient donc être utilisés par quiconque.

Coverbild / Photo de couverture: www.ingimage.com

Verlag / Editeur:
Éditions universitaires européennes
ist ein Imprint der / est une marque déposée de
OmniScriptum GmbH & Co. KG
Heinrich-Böcking-Str. 6-8, 66121 Saarbrücken, Deutschland / Allemagne
Email: info@editions-ue.com

Herstellung: siehe letzte Seite /
Impression: voir la dernière page
ISBN: 978-3-8416-6131-9

Copyright / Droit d'auteur © 2015 OmniScriptum GmbH & Co. KG
Alle Rechte vorbehalten. / Tous droits réservés. Saarbrücken 2015

Table des matières

1 Introduction

PlusValue est une société de courtage en produits d'assurance. Elle est spécialisée dans un secteur de niche : l'assurance emprunteur dans le cadre de risques aggravés.

En avril 2010, elle a acquis un site Internet qui vendait un produit d'assurance différent du secteur "d'assurance emprunteur risques aggravés" habituel : c'était le produit d'assurance Visa-Schengen : les personnes qui viennent séjourner dans l'espace Schengen[1] doivent obligatoirement souscrire une assurance Visa Schengen[2].

Une fois le produit acquis, on m'a demandé de mettre rapidement en service le site Internet, puis de l'améliorer sur plusieurs points (intégrer plusieurs langues, changer les tarifs, améliorer la qualité interne pour qu'il soit mieux vu par les moteurs de recherches, modifier le site afin de le rendre plus facilement évolutif) .

Malheureusement, le site http://visa-schengen-assurance.com/, tel qu'il avait été acquis, ne permettait de répondre à aucune de ces demandes, et souffrait de graves failles de sécurité, ce qui, pour un site qui donnait la possibilité de payer en ligne, devait être corrigé d'urgence.

En première partie, j'explique ainsi quelles étaient les contraintes imposées par le projet Visa-Schengen-Assurance, l'éventail des possibilités offertes pour réécrire le site, et le choix qui a été fait.

Ensuite, je décris le squelette applicatif (framework[3]) : pourquoi et comment il est né, quels sont les principes élémentaires de développement que j'ai suivi tout au long du projet, les outils utilisés, puis comment le mapping objet-relationnel est appliqué dans le squelette.

Puis je reprends les points importants concernant le site, son développement, la manière dont le squelette applicatif a été intégré et les résultats finaux : qualité de développement, de production, sécurité et j'en déduis si les objectifs ont été atteints ou pas.

Mes conclusions débouchent sur la mise à disposition du squelette applicatif à la communauté Open-Source et sur les futures évolutions, à la fois du squelette et des futurs sites Internet prévus à court et moyen terme.

---

[1] La convention de Schengen promulgue l'ouverture des frontières entre les pays signataires, qui acceptent des accords, concernant (à la rédaction du mémoire) la coopération policière, l'immigration, l'assurance et l'asile. Le territoire ainsi créé est communément appelé "espace Schengen". Il concerne l'Allemagne, la France, la Belgique, les Pays-Bas, le Luxembourg, l'Italie, l'Espagne, le Portugal, la Grèce, l'Autriche, le Danemark, la Finlande, la Suède, la Norvège, l'Islande et la Suisse.

[2] Dans le cadre de l'espace Schengen, le décret publié le 22 décembre 2003 au Journal Officiel de l'Union Européenne impose aux ressortissants étrangers désirant y séjourner, la souscription d'une mutuelle santé.

[3] Un framework est un kit de composants logiciels structurels, qui servent à créer les fondations ainsi que les grandes lignes (architecture) de tout ou partie d'un logiciel ou d'un site Internet. En programmation orientée objet un framework est typiquement composé de classes mères qui seront dérivées et étendues par héritage en fonction des besoins spécifiques à chaque logiciel / site Internet qui utilise le framework.

2   Présentation générale

2.1   Entreprise

PlusValue, SAS[4] au capital social de 259.163 €, est une société de courtage en assurance, créée en janvier 2001. Elle est spécialisée dans le secteur de niche qu'est l'assurance emprunteur dit "*risque aggravé*". Elle travaille en étroite collaboration ave ACARAT (Association du Cercle des Assureurs des Risques Aggravés et Techniques), une association loi 1901. Cette association aide les personnes à constituer un dossier, lorsqu'elles rencontrent des problèmes pour trouver une assurance qui accepte de les couvrir pour un emprunt bancaire. Cette collaboration (ou synergie) existe depuis bientôt dix sept ans.

L'une des activités de PlusValue a été de développer un site Internet pour l'association ACARAT, afin d'aider à constituer plus rapidement un dossier, toujours dans le cadre d'un emprunt dit "risque aggravé".

Je travaille en tant que responsable du département informatique de la société depuis cinq ans, en collaboration avec le dirigeant, Serge Soriano (cf. Figure 1).

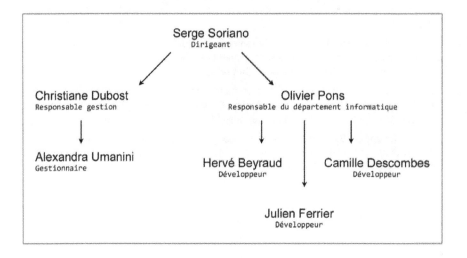

Figure 1 : PlusValue - Diagramme hiérarchique

---

[4] Société par Actions Simplifiée

2.1.1 L'assurance emprunteur

Le principe de l'assurance est d'assurer un produit. Il existe beaucoup de types de produits, et l'un deux concerne les emprunts (immobilier, voiture, ou autre) : l'assurance emprunteur.

Lorsqu'on veut faire un emprunt, on va voir un banquier. Ce dernier, si tout va bien, accepte _mais_ il ne peut valider cet emprunt que s'il y a une assurance qui l'accompagne. On parle d'assurance emprunteur.

L'assurance emprunteur est une assurance assez particulière dans la mesure où les calculs sont particulièrement complexes à mettre en œuvre. Aux calculs des combinaisons entre les garanties, il faut ajouter le calcul de l'échéancier de la banque, pour rester en adéquation avec ce dernier. Dans ce cadre, il faut donc non seulement calculer l'assurance mais les échéanciers bancaires, sachant qu'il existe un nombre impressionnant d'emprunts : emprunt à taux zéro, emprunts amortissables, emprunts in fine, emprunts à paliers, emprunts à taux révisable / capé, emprunt à taux révisable / non capé, etc. De plus, certains emprunts sont "cumulables" : par exemple, dans le cas de l'achat d'un bien immobilier, il est courant de faire un emprunt relais, et juste après un emprunt amortissable.

2.1.2 L'assurance "risque aggravé"

Lorsqu'on désire être assuré, le principe est toujours le même quel que soit le cadre (maison, voiture, ou personne) : on contacte une compagnie d'assurance, qui, si elle est intéressée, propose un devis. Pour valider l'assurance, il faut systématiquement remplir un formulaire avec des questions telles que : "Avez vous eu un accident récemment : oui / non", etc.

Supposons qu'on réponde "oui" à la question : "Avez vous eu une pathologie de type cancer ?". Dans ce cas, il se peut que la compagnie d'assurance concernée refuse le dossier, et il faudra alors rechercher une assurance qui accepte de vous assurer dans ce cadre particulier.

Il faut alors rechercher une compagnie qui vend des produits d'assurance particuliers, dits "risques aggravés". C'est pour cela que l'on parle "_d'assurance risques aggravés_".

2.1.3 L'assurance emprunteur "risque aggravé" - la synergie PlusValue - ACARAT

Lorsqu'on veut faire un emprunt, il faut une assurance emprunteur (cf. 2.1.1). Si la compagnie qui propose une assurance refuse votre dossier on est en "risque aggravé" (cf. 2.1.2). En combinant ces deux cadres, on est en "emprunteur risque aggravé", et il faut constituer un dossier afin de justifier qu'il est possible d'être assuré.

C'est ici qu'ACARAT intervient : vous contactez l'association, et cette dernière va vous aider à constituer un dossier correspondant à votre / vos problèmes : tous les examens à faire. Une fois ce dossier constitué, il vous sera possible de démarcher les assureurs, afin de trouver une compagnie qui accepte de vous assurer pour votre emprunt.

Voici comment fonctionne la collaboration entre ACARAT et PlusValue : lorsque le dossier est entièrement constitué par ACARAT, l'association le transmet à PlusValue, qui est spécialisée en "assurance emprunteur risque aggravé". PlusValue transmet alors le dossier à des compagnies d'assurance qui ont la possibilité d'assurer en risques aggravés : GENERALI[5] et ACE[6]. Après études, ces dernières peuvent donner quatre réponses différentes (cf. Figure 2) :

- acceptation directe (avec ou sans majoration) : le dossier peut être accepté par la compagnie, et il est possible de faire une proposition directement au prospect ;
- ajournement : la pathologie, la profession, ou le sport sont actuellement trop risqués et il faut attendre un certain délai (donné par la compagnie) ;
- refus : la compagnie refuse d'assurer.

---

[5] GENERALI FRANCE, SA à conseil d'administration, au capital social de 114.992.725 €, créée le 07-04-1992, domaine d'activité : Réassurance

[6] ACE CONSEIL, SA à conseil d'administration, au capital social de 40.000 €, créée le 16-01-2001, domaine d'activité : Activités des agents et courtiers d'assurances

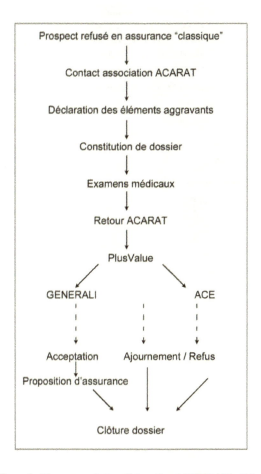

Figure 2 : Diagramme de la collaboration ACARAT / PlusValue

2.2 Contexte général

En avril 2010, PlusValue décide d'élargir ses produits. Elle acquiert le site Internet
http://visa-schengen-assurance.com/ . Ce dernier permet à n'importe quel internaute de
souscrire à une assurance Visa Schengen : une assurance Visa Schengen est une assurance
obligatoire concernant les personnes qui viennent séjourner dans l'espace Schengen.
L'internaute qui désire souscrire à assurance Visa Schengen paie par transaction bancaire.

Le site "Visa-Schengen-Assurance" fonctionnait : n'importe quel internaute pouvait souscrire
une assurance "Visa-Schengen" en ligne.

Ce site, avant d'être acquis, faisait un chiffre d'affaire d'une dizaine de milliers d'euros par mois. Malgré ce, il semblait avoir un plus grand potentiel : il n'était pas encore multilingue, il n'était pas optimisé pour les moteurs de recherche, il ne proposait pas de tarifs concurrentiels (le tarif le plus bas était de 1,50 € / jour alors que tous les concurrents proposaient moins de 1 € / jour).

Ce site n'ayant pas été développé selon une méthodologie particulière, il avait plusieurs problèmes :

- aucune gestion de langues étrangères ;

- aucune gestion des erreurs de base de données ;

- de graves failles de sécurité ;

- aucune possibilité d'évolution de tarif.

De ce fait, il n'était plus maintenable, et plus aucune évolution n'était possible.

3 Objectifs et contraintes

3.1 Objectifs

3.1.1 Court terme

L'objectif était de mettre le site en ligne, rapidement.

Le site fonctionnait correctement *du point de vue d'un internaute* : il était possible d'avoir toutes les informations concernant l'espace Schengen, et l'assurance Schengen, et de souscrire en ligne, par transaction bancaire.

L'impératif était de mettre le site Internet en ligne *en l'état*, car c'était techniquement possible.

3.1.2 Moyen terme

A moyen terme, il fallait :

- faire une refonte complète du graphisme du site ;
- mise en place d'un site multilingue : il fallait rendre le site plus facilement accessible à des étrangers qui entraient dans l'espace Schengen.

3.1.3 Long terme

A long terme, ce site doit servir de support pour mettre en place de nouveaux produits d'assurance.

3.2 Contraintes

3.2.1 Contrainte de temps

3.2.1.1 En jours...

Le site Internet http://visa-schengen-assurance.com/ a été acheté à la société Sicar Assurances. Cette dernière, en attendant que le site http://visa-schengen-assurance.com/soit en ligne et opérationnel, a laissé en fonctionnement le site http://assurance-visa.com/ : celui-ci fonctionnait avec le code source de http://visa-schengen-assurance.com/ mais il devait être rapidement désactivé (*une à deux semaines*).

http://visa-schengen-assurance.com/ devait, dans ce laps de temps, être mis en place et prendre le relai du site http://assurance-visa.com/.

3.2.1.2 En mois...

Après une planification et des actions à mettre en place rapidement, il a fallu prévoir la mise en place de la nouvelle architecture, et prendre en compte toutes les évolutions possibles qu'il y aurait éventuellement d'ici quelques mois. Parmi celles-ci il y avait d'un côté les contraintes techniques telles que la sécurité et la qualité, et d'un autre côté les contraintes commerciales, telles que la possibilité d'ajouter rapidement et facilement de nouvelles langues, ou encore pouvoir modifier la tarification.

3.2.2 Qualité

Ce que l'on entend par qualité concernant le monde Internet consiste en :

- un site rapide à l'affichage sur le navigateur ;
- un site bien recensé par les moteurs de recherche.

3.2.2.1 World Wide Web Consortium - W3C

Historiquement, par convention, il a été convenu que c'était le lecteur de sites (le "navigateur", le "butineur" ou encore "l'explorateur"), donc le client Internet, *qui devait s'adapter au site Internet qu'il allait lire, et pas le contraire* [B-1]. Cela a donné lieu à toute une panoplie de sites Internet dont le code en interne (le code source du site) pouvait être écrit d'une manière totalement différente. Aucune règle, recommandation ou norme n'existait. L'objectif principal, à savoir "s'afficher correctement sur le client Internet", devait être atteint, et cela suffisait. Une anarchie complète régnait alors. Chaque nouvelle version d'un navigateur arrivait avec des nouvelles balises que seule cette nouvelle version pouvait interpréter [W-1], afin de pouvoir afficher certaines choses que les autres ne faisaient pas, ajoutant encore une couche de complexité. En 1994, un organisme s'est crée, avec pour objectif de donner des "standards Internet" dits "ouverts", c'est à dire accessibles à tout un chacun : le World Wide Web Consortium, abrégé par le sigle W3C, est un organisme de standardisation à but non-lucratif, fondé en octobre 1994 comme un consortium chargé de promouvoir la compatibilité des technologies du World Wide Web telles que HTML[7], XML[8], XHTML[9], et SOAP[10].

Le W3C [W-2] met ainsi à disposition plusieurs outils qui donnent la possibilité de valider la qualité du site : vérification de la qualité d'affichage sur un ordinateur classique et sur divers médias [W-3], vérification de la qualité du CSS [W-4], ainsi que des conseils de développement.

3.2.2.2 Compatibilité d'affichage

Même si beaucoup d'efforts ont été faits pour améliorer la compatibilité d'affichage entre les différents navigateurs, cette dernière n'est pas encore totale, et un site Internet peut s'afficher différemment sur Microsoft Internet Explorer, Mozilla Firefox, Chrome ou Safari.

Des années durant, des astuces ont été mises en place, principalement dans les informations CSS d'affichage du site, afin de réussir à afficher un site de manière identique sur tous les navigateurs du marché. Heureusement, les évolutions actuelles vont dans le bon sens, et, même si à l'heure de la rédaction de ce mémoire, le standard HTML5 n'est pas encore totalement défini, beaucoup de choses sont déjà très détaillées et on peut constater que tous les développements des navigateurs le suivent déjà de manière très rapprochée *et*

---

[7] HTML - Hypertext Markup Language, est le format de données conçu pour représenter les pages web

[8] XML - Extensible Markup Language, "langage de balisage extensible", est un langage informatique de balisage générique

[9] XHTML - eXtensible HyperText Markup Language, est un langage conçu à l'origine comme le successeur d'HTML. XHTML se fonde sur la syntaxe définie par XML, plus récente, mais plus exigeante.

[10] SOAP (Simple Object Access Protocol) est un protocole de RPC (Remote Procedure Call, un protocole réseau permettant de faire des appels de procédures sur un ordinateur distant) orienté objet bâti sur XML

homogène, ce qui enlèvera - enfin ! - des soucis à toutes les personnes concernées par le graphisme des sites.

Tous les acteurs majeurs du Web semblent converger vers la même direction, et une entreprise qui met en place un nouveau site Internet a tout intérêt à suivre ces spécifications afin de s'assurer de la pérennité de l'affichage de ce dernier.

3.2.2.3 Accessibilité et recensement

Un site Internet qui suit les recommandations du W3C concernant l'accessibilité [W-5] donnera aux personnes visuellement handicapées, la possibilité de parcourir le site et d'en comprendre le contenu [W-6].

L'accessibilité offre un autre avantage : ce qu'une personne non voyante pourra interpréter grâce à des outils sera ce qu'un moteur de recherche lira. Par conséquent, réaliser un site Internet qui suit les standards du W3C aidera à la qualité de son recensement.

Le site http://visa-schengen-assurance.com/ ne suivait pas les recommandations du W3C concernant l'accessibilité. Il devait être modifié en conséquence pour les suivre.

3.2.3 Evolutivité : produits et tarification

Dans le cadre de la conception d'un site, son évolutivité doit être prise en compte aussi bien en termes de produits que de tarification.

Plusieurs produits devaient être intégrés : le produit Visa-Schengen avec une nouvelle garantie, et un nouveau produit d'assurance rapatriement.

3.2.4 Multilingue

Les personnes qui souscrivent à l'assurance Visa-Schengen sont des étrangers qui peuvent provenir du monde entier. Dans ce cadre, un des besoins concernant le site http://visa-schengen-assurance.com/ était de pouvoir gérer différentes langues afin de proposer un contrat assurance dans une langue différente du français : les statistiques montraient que plus d'un tiers des contrats concernaient des personnes qui ne savaient pas correctement parler français, et parmi ceux qui ne parlaient pas français, beaucoup étaient Sud-américains. On m'a demandé de prévoir l'intégration de deux langues : le site en anglais, et en portugais.

3.2.4.1 L'encodage international

Parmi les types d'encodages existants, l'UTF-8 est le type d'encodage qui correspond le mieux à nos exigences :

- que tous les navigateurs Internet connaissent et peuvent afficher sans problème ;
- géré par la plupart des moteurs de base de données (notamment MySQL [W-7], PostgreSQL [W-8], Firebird [W-9], et Oracle [W-10]).

L'encodage UTF-8 fonctionne ainsi : chaque caractère ou graphème est représenté dans un répertoire universel sous la forme d'une suite d'un ou plusieurs "caractères abstraits", alloués séparément et codés chacun par leur position dans le répertoire universel, position appelée "point de code". Chaque point de code est ensuite codé de façon unique sur une suite d'un à quatre octets [W-11]. Ce format de transformation a été conçu pour être compatible avec de nombreux logiciels originellement prévus pour traiter des caractères codés sur un seul octet.

De manière générale, l'encodage international UTF-8 est un choix de-facto lors de la création d'un site Internet.

Le site http://visa-schengen-assurance.com/ était entièrement codé en LATIN1[11], ce qui rendait impossible la mise en place de nouvelles langues étrangères qui ne faisaient pas partie de l'Europe occidentale.

Tout le site devait être converti dans un encodage international. En effet :

- la base de données (jeu de caractères et collation [W-12]) était en LATIN1 ;
- les fichiers code source en PHP[12] étaient en LATIN1 ;
- les fichiers HTML renvoyés étaient en LATIN1 sur deux plans :
  - le serveur Web HTTP Apache était configuré pour renvoyer dans les échanges [W-13], des informations en LATIN1 ;
  - l'en-tête à l'intérieur même des fichiers HTML [W-14] précisait que le contenu était LATIN1.

3.2.5 Sécurité

Après examen du code source du site http://visa-schengen-assurance.com/ il s'est avéré que des failles de sécurité étaient présentes à plusieurs niveaux :

- le site était vulnérable aux attaques de type injection (cf. 4.2.2 / section 1) ;
- le site était vulnérable aux attaques de type XSS[13] (cf. 4.2.2 / section 2) ;
- le site n'avait aucune sécurité cryptographique de stockage (cf. 4.2.2 / section 7).
- aucun appel à la base de données n'était vérifié : que l'appel échoue ou réussisse, le code continuait à être exécuté de manière transparente ;
- dans toutes les pages du site, l'utilisation de variables non initialisées [W-15] semblait normale.

Une société qui maintient un site tel que http://visa-schengen-assurance.com/, qui véhicule des données privées, fait des transactions bancaires, et qui établit des contrats d'assurance doit tout mettre en œuvre pour éviter des failles de sécurité.

---

[11] La norme ISO 8859-1, dont le nom complet est ISO/CEI 8859-1, est souvent appelée Latin-1 ou Europe occidentale. Elle définit ce qu'elle appelle l'alphabet latin numéro 1, qui consiste en 191 caractères de l'alphabet latin, chacun d'entre eux étant codé par un octet (soit 8 bits) - http://fr.wikipedia.org/wiki/ISO_8859-1

[12] PHP - Hypertext Preprocessor est un langage de scripts principalement utilisé pour produire des pages Web dynamiques via un serveur HTTP - http://www.PHP.net/

[13] XSS - Cross-site scripting est un type de faille de sécurité des sites Web

4 Solutions et choix

4.1 Solutions

4.1.1 Solutions propriétaires

Beaucoup de solutions propriétaires existent, mais plusieurs problèmes sont soulevés :

1. les produits propriétaires sont payants, c'est une logique imparable, mais le problème réside en l'évolutivité du produit : le moindre ajout est systématiquement payant ;
2. les produits propriétaires empêchent, de par leur nature, de les faire modifier - ou de les faire évoluer - en interne par une équipe de développement, et de pouvoir les revendre par la suite ; pour une entreprise telle que PlusValue, qui possède une équipe de développeurs, il est impensable de ne pas pouvoir faire évoluer un site Internet hébergé sur ses propres ordinateurs ;
3. un autre problème des produits propriétaires concerne la correction de bogues : en effet, très souvent, les sociétés qui éditent des produits propriétaires corrigent les bogues de leurs produits par étapes, qui se comptent en jours voire en semaines. Or PlusValue a une politique stricte : on ne doit pas dépendre d'un produit, qui, s'il ne fonctionne pas, sera corrigé avec de tels délais. *Dans le cadre spécifique d'internet*, on ne peut pas se permettre de voir un site bloqué et / ou / inutilisable pendant quelques jours.

Ce sont ces raisons pour lesquelles PlusValue n'utilise que des produits et des solutions dites "open-source"[B-2].

4.1.2 Solutions Open Source

La désignation "Open source" s'applique aux logiciels dont la licence respecte des critères précisément établis par l'Open Source Initiative, c'est-à-dire la possibilité de libre redistribution, d'accès au code source et de travaux dérivés [W-16].

Les licences telles que la GPL[14] cumulent les avantages :

- coût d'acquisition tout simplement nul dans l'immense majorité des cas ;
- puisque le code source est connu et qu'une importante communauté y travaille, le fonctionnement est (le plus souvent) plus stable que sur des logiciels commerciaux ;
- les mises à jour sont généralement très rapides ;
- l'accès au code source autorise la personnalisation des fonctionnalités, ce qui est un critère d'importance dans notre cas.

---

[14] La Licence publique générale GNU, ou GNU General Public License (communément abrégée "GPL") est une licence qui, à l'origine, fixe les conditions légales de distribution des logiciels libres du projet GNU. Richard Stallman et Eben Moglen, en furent les premiers rédacteurs. Cette licence a depuis été adoptée en tant que document définissant le mode d'utilisation, d'usage et de diffusion, par de nombreux auteurs de logiciels libres, en dehors des projets GNU. La dernière version actuelle est la "GNU GPL version 3".

4.1.2.1 Drupal

Drupal [B-3] est une base de travail, ou base de développement, un framework, à partir duquel il est possible de développer des modules, appelés aussi greffons, ou add-ons[15]. Le module le plus connu, et c'est grâce à lui que Drupal est connu, est le module de gestion de contenu, ou module CMS[16]. Drupal est souvent associé uniquement à un système de gestion de contenu, mais c'est en réalité un framework. Deux difficultés majeures se sont présentées : l'apprentissage du framework et du développement d'un module était long, et il aurait fallu en développer plusieurs pour le site Visa Schengen Assurance. De plus l'interface homme machine est très déroutante, et après plusieurs mois de pratique (le site http://pretassur.fr/ de PlusValue a un "espace" Drupal avec des articles concernant l'assurance), l'ergonomie ne nous convenait pas pour l'utiliser sur du long terme.

4.1.2.2 Joomla

Joomla [B-4] est un portail dynamique de gestion de contenu. Il est possible d'écrire des plugin mais son architecture ne convenait pas dans le cadre du développement pour le site Visa Schengen Assurance : les différents modules de paiement en ligne ne sont pas multilingues, mauvaise séparation de la logique applicative et de l'habillage, développement de modules complexes. L'outil, ne correspondait pas aux objectifs visés.

4.1.2.3 Wordpress

Wordpress [B-5] est un outil de blog. Il est possible de poster des articles et ceux ci sont affichés sur le site concerné. Wordpress est cependant très souple : il existe un module de paiement en ligne, un module multilingue, la possibilité de faire des formulaires, et un module de gestion de produits. Il aurait été presque été possible de faire Visa Schengen sur une base de Wordpress, à ceci près que le module multilingue est différent des autres modules, et que ces derniers ne sont donc pas adaptés au multilingue. Cela impliquait une modification de chaque module pour qu'il prenne en compte le multilingue. Cette limitation était majeure et c'est pourquoi cet outil a dû être mis de côté.

4.1.2.4 Moodle

Moodle [B-6] est une plateforme d'apprentissage en ligne (e-learning en anglais) servant à créer des communautés d'élèves, et de professeurs autour de contenus et d'activités pédagogiques. Au même titre que Wordpress, il est très extensible et possédait presque tous les modules requis : module multilingue, gestion de formulaires (questions réponses et autres). Moodle avait cependant deux limitations majeures : aucune gestion réelle de produits, et pas de paiement en ligne.

4.1.2.5 Modx

Outil de gestion de contenu, Modx [B-7] répondait à presque tous les critères : multilingue, gestion de formulaires, compatible W3C. Deux problèmes : un manque de gestion du multilingue et une gestion des habillages ("templating") particulière qui aurait rendu la maintenance difficile.

---

[15] Un add-on est un ajout logiciel, permettant d'apporter une extension à un logiciel.

[16] CMS : Content Management System : en français, SGC : système de gestion de contenu

4.1.3 Solution in-situ

Le site http://www.acarat.fr/ a été développé par PlusValue, dans le cadre de l'étroite collaboration avec l'association ACARAT, en partant de rien. Après quelques années, je l'ai entièrement réécrit. Quelques mois après, j'ai découvert le moteur PHP "Smarty" [B-8] : Smarty est un moteur de gabarits (templates) pour PHP. Plus précisément, il facilite la séparation entre la logique applicative et la présentation. En pratique, il offre la possibilité d'utiliser plusieurs "habillages" (présentation) tout en utilisant des données et des formulaires communs (logique applicative). J'ai entièrement tout réécrit une seconde fois. Puis, après quelques évolutions, développements en JavaScript[B-9], et la mise en place d'une procédure de tarification sur le site http://pretassur.fr/, j'ai tout réécrit une troisième fois, entièrement orienté objet. Les sites Internet http://www.acarat.fr/ et http://pretassur.fr/ reposent maintenant sur des bases solides, et entièrement réutilisables. Ces bases correspondaient majoritairement à nos besoins : un site multilingue, des pages Internet orientées accessibilité et recensement, un code sécurisé (cf. projet OWASP), ainsi qu'un code entièrement documenté.

4.2 Choix définitif

4.2.1 Développement

Après avoir examiné les solutions qui se rapprochaient le plus de nos de besoins, j'en ai déduit un tableau qui présente une synthèse de l'analyse des outils Open source existants (cf. Figure 3).

	Vitesse de développement	Qualité	Sécurité	Multilingue	Optimisation accessibilité / moteurs de recherche	IHM	Durée (homme / jour)	Coût
Drupal	♦♦	♦♦	♦♦♦♦	♦♦♦♦	♦♦♦	♦	400 h/j	♦♦♦
Joomla	♦♦	♦♦	♦♦♦♦	♦♦♦	♦♦♦	♦♦♦	500 h/j	♦♦♦♦
Wordpress	♦♦♦	♦♦	♦♦♦	♦	♦♦♦♦♦	♦♦♦♦♦	200 h/j	♦
Moodle	♦♦♦	♦	♦♦♦	♦	♦	♦♦♦	400 h/j	♦♦♦
Modx	♦♦	♦♦♦♦	♦♦♦	♦	♦♦♦♦	♦♦	300 h/j	♦♦
In-situ	♦♦♦♦♦	♦♦♦♦♦	♦♦♦♦♦	♦♦♦♦♦	♦♦♦♦♦	♦♦♦♦♦	600 h/j	♦♦♦♦♦

Figure 3 : Tableau récapitulatif des choix possibles

On constate à travers ce tableau, que même si chaque produit, à son niveau, apporte une solution intéressante, seule la solution in-situ nous permettait d'intégrer toutes les contraintes et avait une évolutivité à souhait du produit. Cette solution, malgré le fait qu'elle soit la plus longue et la plus onéreuse à court terme, sera plus rentable à moyen et long terme que toutes les autres solutions.

4.2.2 Sécurité : OWASP (Open Web Application Security Project)

Dans le cadre de la sécurité, nous avons choisi de suivre les conseils venant du projet "Open Web Application Security Project" (OWASP), projet open source d'application de consignes de sécurités.

O.W.A.S.P. Top Ten

Le projet OWASP répertorie les risques de sécurité applicative en évaluant les plus gros vecteurs d'attaques et les plus grandes faiblesses de sécurité en relation avec leur impact sur les côtés technique et commercial.

Nota : le projet "OWASP top ten" *se limite principalement aux domaines à hauts risques* plutôt que de se pencher intégralement sur tous les problèmes qui tournent autour de la sécurité applicative Internet.

Ci-suivent les dix risques grâce auxquels :

- nous avons modifié le squelette applicatif de manière à augmenter la sécurité ;
- nous avons mis en place des vérifications d'attaques.

1. **Injection** : une donnée malveillante est fournie par un attaquant afin que ce dernier puisse exécuter diverses commandes (on parle de "commandes arbitraires"). Dans le contexte d'un serveur internet (un serveur web), ce type d'attaque est connu sous le nom d'attaque par injection. Les injections SQL, XML, et LDAP sont des exemples-type. Échapper des caractères spéciaux en provenance d'une saisie utilisateur peut la plupart du temps empêcher une application d'être vulnérable à une injection malveillante.

2. **Cross-Site Scripting (XSS)** : Il n'existe pas à proprement dit de traduction pour Cross Site Scripting, le terme qui semble le plus s'en rapprocher est "scripting par sites croisés". Une attaque sur une application qui ne valide pas correctement une entrée utilisateur, et fait suivre des chaînes malveillantes sur le navigateur internet, et qui, une fois exécutées, peuvent résulter à des opérations telles que le vol de session, le vol de cookies, ou changement de l'affichage complet du site ("website defacement"), est connue sous le nom d'attaque de type cross-site scripting (XSS). En échappant tous les caractères non fiables spécifiques à internet, ("HTML meta characters"), JavaScript[17], ou CSS, il est possible d'éviter toutes possibilité d'attaque XSS.

3. **Casser une gestion d'authentification ou de session** : la mise en place de routines non sécurisées de gestion d'authentification ou de session peut résulter en un détournement de session ou utilisation de comptes, ou encore un calcul prévisible de jetons de session. Pour éviter ce genre d'attaques, il faut mettre en place une gestion d'authentification forte, ainsi qu'une gestion de session forte. L'utilisation de chiffrement, de hachage, et la sécurisation de la connexion via SSL ou TLS sont fortement recommandés.

---

[17] JavaScript est un langage de programmation de scripts principalement utilisé dans les pages Web, afin de rendre ces dernières interactives.

4. **"Insecure Direct Object References"** : référencer directement des objets de manière non sécurisée : à moins d'être correctement authentifié, faire une référence directe à un objet interne à l'application peut donner la possibilité à une personne malveillante de manipuler de telles références et ainsi d'accéder à des données privées. Cet objet interne peut, par exemple, faire référence à des valeurs privées d'un compte utilisateur, un nom de fichier, ou un répertoire. Il vaut mieux restreindre les objets accessibles par l'utilisateur que de valider les conditions qui autorisent l'accès à ces objets. Cela devrait être suffisant pour contrôler les accès aux objets en question.

5. **Cross-Site Request Forgery (CSRF)** : ici aussi, aucune traduction française claire n'existe, la plus proche étant "injection de requête d'origine frauduleuse". On appelle "Cross-Site Request Forgery" le fait de forcer un utilisateur qui a les autorisations adéquates, à exécuter des requêtes HTTP construites de manière à exploiter une vulnérabilité d'un site internet distant. Ce genre de requêtes HTTP malveillantes sont exécutées via une session d'un utilisateur authentifié et reconnu comme légitime de manière à ce qu'elle ne puissent pas être détectées. On peut rendre une attaque CSRF presque impossible en liant un jeton unique et non prévisible par requête HTTP *et* par utilisateur.

6. **Mauvaise configuration de sécurité** : parfois, laisser une application avec la configuration de sécurité par défaut peut la rendre vulnérable. Il est vital de garder et d'appliquer la meilleure configuration pour l'intégralité de l'application déployée, et cela vaut aussi pour le serveur web, le serveur de base de données, le système d'exploitation, et les librairies de code ainsi que tous les autres composants applicatifs. Cette configuration transparente de sécurité des applications peut être atteinte en appliquant un processus reproductible sur les mises à jour, les correctifs de logiciels et l'application de règles d'environnement durcies.

7. **Insécurité cryptographique du stockage (Insecure Cryptographic Storage)** : les applications qui entrent dans cette catégorie sont celles qui n'utilisent aucun système de protection cryptographique pour des données sensibles telles que, par exemple, des informations sur la santé, les numéros de transaction bancaires, des informations personnelles, ou encore des détails d'authentification. Il est possible de s'assurer de la sécurité des données en implémentant un algorithme fort d'encryption ou de hachage standard.

8. **Mauvaises limitations d'accès URL** : les applications web qui ne vérifient pas les permissions d'accès en fonction de l'URL peuvent permettre à un attaquant d'accéder à des pages non autorisées. Pour résoudre ce genre de problème, il faut restreindre l'accès aux URL considérées comme privées en implémentant des contrôles d'authentification et d'autorisation, et mettre en place une politique pour des utilisateurs spécifiques, ainsi que leurs rôles, qui sont seuls à être autorisés à accéder à des données hautement sensibles.

9. **Protection insuffisante de la couche transport** : les sites qui utilisent des algorithmes de chiffrement faibles, des certificats de sécurité invalides, ou encore des contrôles d'authentification incorrects peuvent compromettre la confidentialité et l'intégrité de leurs données. Ces données applicatives sont ainsi toujours sujettes à des interceptions possibles de trafic, et des modifications par attaques. Il est possible d'augmenter la sécurité en implémentant une communication SSL pour toutes les pages sensibles, et en mettant en place un certificat digital valide généré par une autorité de certification reconnue.

10. **Mauvaises redirections / suivis d'adresses** : beaucoup d'applications Web utilisent des paramètres dynamiques afin de rediriger / faire suivre un utilisateur vers une URL spécifique. Un attaquant peut utiliser la même stratégie pour construire une URL malveillante qui redirige / fait suivre les utilisateurs vers des sites de phishing ou de malware. La même attaque peut être étendue en faisant suivre / redirigeant vers des pages locales à un ordinateur afin d'accéder à des pages web qui contiennent des données sensibles. Il est possible d'éviter ce genre de problème simplement en validant une valeur fournie en paramètre et en vérifiant les droits de contrôle d'accès aux utilisateurs qui font de telles requêtes.

5   Réalisation

Le choix de la solution retenue s'est donc reporté sur la solution in-situ d'un squelette applicatif que je décris dans les pages suivantes.

5.1   Le squelette applicatif

5.1.1   Historique

5.1.1.1   Le site Internet ACARAT

Lorsque j'ai dû développer le site ACARAT, en 2002, l'idée était simple : faire un site présentant simplement l'association, ainsi que quelques articles de journaux dans lesquels l'association était apparue.

Ainsi est né http://www.acarat.com/

J'ai développé un menu très sommaire, avec des boutons simples, qui menaient à des pages HTML très classiques (cf. Figure 4).

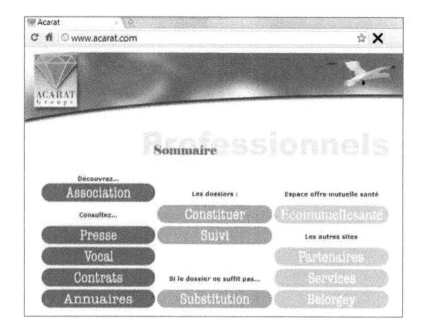

Figure 4 : Le site Internet http://www.acarat.com/

Le besoin a évolué par deux fois :

- o une première fois, mon travail a consisté à modifier le site afin d'y intégrer une proposition d'inscription : faire une demande de quelques informations concernant un emprunt et l'envoyer par mail à une adresse électronique fixe. Le site Internet n'était pas prévu pour cela. Il a donc fallu refondre intégralement le code du site ;
- o une seconde fois pour modifier la proposition d'inscription : il a fallu améliorer le processus de demande d'informations sur plusieurs points :
  - o demandes d'informations sur la taille, le poids ;
  - o renseigner les antécédents pathologiques ;
  - o renseigner les professions, les sports et activités ;
  - o décrire non plus un mais éventuellement plusieurs emprunt(s), ainsi que leurs types (emprunt fixe, à taux zéro, par paliers etc.);
  - o renseigner des informations facultatives telles que nom, prénom, email, téléphones.

Le besoin des informations à entrer n'a pas clairement été défini, et il a évolué jusqu'à ce que le code développé ne soit plus maintenable ni évolutif. Dans ce cadre, il a fallu tout remettre à plat et refaire quelque chose qui devait donner la possibilité d'ajouter rapidement toute nouvelle demande d'information (fumeur / non fumeur, nombre de kilomètres parcourus par an etc.). C'est lors de cette seconde refonte du code PHP qu'est né un embryon de squelette applicatif : tout a été écrit en PHP 5, orienté - objet, avec une séparation de l'habillage et de la logique applicative.

5.1.1.2 Le site Internet http://pretassur.fr/

Le site http://www.acarat.fr/ était pratique : la vitesse de constitution de dossier avait été grandement accélérée. C'est ainsi que l'on m'a demandé de faire évoluer le site, mais dans un cadre différent : tout était fait dans le cadre d'un emprunt à risque, mais pourquoi ne pas proposer aussi une assurance en direct sur Internet, si, après que les informations aient été entrées, on estime qu'il n'y a pas de risque à assurer directement le prospect en ligne ?

De nouvelles fonctionnalités devaient être implémentées :

- le paiement en ligne ;
- tarification complexe :
  - o notion de compagnies qui proposaient des produits ;
  - o notion de produits qui étaient composés de garanties ;
  - o notion de garanties qui, combinées entre elles, et combinées à l'échéancier bancaire, permettaient de faire une proposition tarifaire.
- proposer la solution d'inscription et de paiement en ligne en "marques blanches" : il devait être possible de pouvoir "habiller" le site en fonction d'un partenaire.

Les deux sites http://www.acarat.com/ et http://pretassur.fr/ avaient une base commune :

- mêmes demandes d'informations ;
- mêmes calculs pour déterminer si l'assurance est "à risque" ("circuit long"), ou non ("circuit court") ;
- mêmes envois de mails, mêmes textes, etc.

Dans ce cadre, une "fusion" du code en commun était possible. C'est comme cela que l'idée d'un squelette applicatif (framework) sur lequel baser ces deux sites est né.

Après études des outils PHP disponibles dans ce cadre, le code du site a été refondu une *troisième* fois.

Aujourd'hui, ils ces deux sites sont basés sur le même squelette, ce qui fait qu'en pratique, les sites http://www.acarat.com/ et http://pretassur.fr/ partagent le même code de logique applicative (déterminer si on est en circuit court ou long, calculs des tarifs, simulations d'échéanciers bancaires, demande d'informations lors de l'inscription, accès à la base de données etc.) et seul l'habillage diffère (cf. Figure 5).

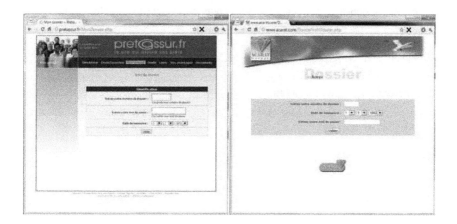

Figure 5 : consultations de dossier sur http://www.acarat.com/ **et** http://pretassur.fr/

Puis un habillage différent a été utilisé avec des sites "satellites" dont l'objectif commercial était de présenter le même fonctionnement, mais pour des professions différentes :

- Pour les mandataires immobiliers - http://pretassurmandataireimmo.com/
- Pour les promoteurs immobiliers - http://pretassurimmo.com/
- Pour les constructeurs - http://pretassurconstructeur.com/

Tous ces sites sont "habillés" de façon totalement différente, mais ont la même logique applicative.

La séparation logique applicative / habillage fonctionnait. Des choses restaient néanmoins à perfectionner :

- les accès à la base de données ;
- la gestion des exceptions ;
- l'optimisation des pages Internet.

C'est ce que j'ai fait avec le site Visa Schengen.

5.1.2 Principes de développement

Le monde Internet évolue et avec lui, des milliers de personnes développent des sites avec des langages tels que PHP. Ce dernier a un gros avantage : sa souplesse. C'est, avec le temps, devenu un inconvénient, car il donne la possibilité de faire des sites sans méthodologie particulière, et les règles de bases qui doivent être appliquées pour faire un site pérenne sont de plus en plus rarement suivies. C'est dans ce cadre que je fais un rappel de certains principes élémentaires de développement, qui ont été suivis tout au long du développement du squelette applicatif.

5.1.2.1 Développement en général

De nos jours, les objectifs que l'on a à atteindre pour développer sont de plus en plus étroitement liés au temps : il faut faire vite.

La priorité n'est plus la qualité, car elle est difficile à reconnaitre pour la plupart des internautes, mais la rapidité de mise en ligne du produit.

Dans ce cadre, la technique de duplication de code est souvent utilisée : cette technique était appliquée dans presque tout le code http://visa-schengen-assurance.com/.

Copier-coller est plus rapide à très court terme, que de réfléchir à faire un code qui n'est pas redondant (cf. Figure 6).

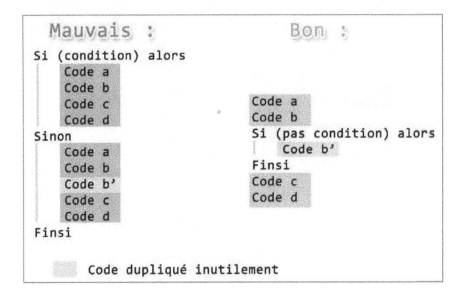

Figure 6 : Principe de codage n.1 appliqué sur le squelette applicatif

Si on veut faire un projet pérenne, il faut éviter de dupliquer inutilement du code.

Chez PlusValue, nous cherchons à éviter d'avoir plusieurs fois le même code à des endroits différents. Actuellement, aucun code n'est dupliqué et il y a toujours eu un moyen élégant d'éviter d'avoir du code redondant.

5.1.2.2 Développement Internet

Le problème de la duplication de code (cf. *5.1.2.1*) est encore plus vrai sur Internet : il est très fréquent de retrouver de simples copies de fichiers HTML, avec un ou deux changements minimes (cf. Figure 7).

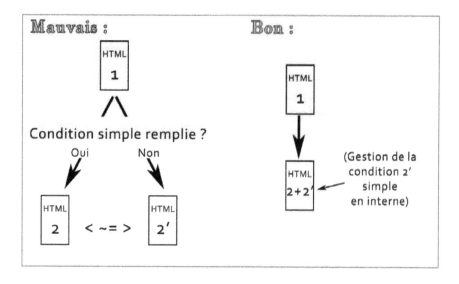

Figure 7 : Principe de codage n.2 appliqué sur le squelette applicatif

Le "copier-coller" de pages HTML empêche toute évolution rapide du site à moyen terme.

Concrètement, si on veut faire une modification à un endroit qui doit se répercuter sur toutes les autres (le cas classique d'un "menu" en haut de la page), et qu'on a copié / collé du code HTML sur deux pages, il faudra aussi répercuter autant de fois les modifications qu'on a copié / collé le code. Ainsi, si le cas classique d'un "menu" en haut de la page a été dupliqué dix fois, dès qu'on voudra le modifier, il faudra répercuter la modification encore neuf fois.

5.1.3 Smarty

Smarty est un moteur de gabarits (templates) pour PHP qui facilite la séparation entre la logique applicative et la présentation.

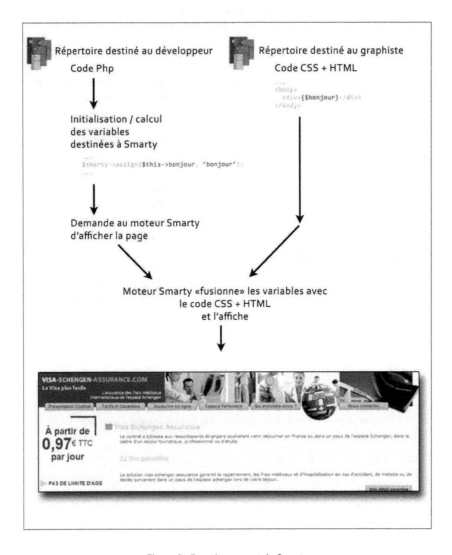

Figure 8 : Fonctionnement de Smarty

Le développeur écrit la logique applicative : il fait le calcul et initialise les données destinées à être affichées. Puis il crée un objet "Smarty", auquel il transmet les données destinées à être affichées, et le fichier HTML "modèle". Le moteur Smarty va analyser le fichier HTML "modèle" et y intégrer les données.

Avantages

Sur la **Fig. 8**, les deux répertoires principaux, respectivement destinés aux développeurs et aux graphistes, sont _différents_ : ainsi, les développeurs peuvent travailler sur le code pendant que le graphiste redessine certaines parties du site, sans qu'ils ne se gênent (ils n'ont _jamais_ à travailler sur le même fichier).

Inconvénients

A partir du moment où on veut utiliser Smarty, le développement devient un peu plus contraignant à court terme. En effet, le fait de séparer la logique applicative et la présentation entraine une augmentation de la charge de travail : au lieu d'avoir le code et ce qui va être visualisé mélangé, il faut développer d'un côté le "calcul" des variables, et de l'autre côté, développer l'affichage de ces variables. Ce qui implique au minimum de travailler sur deux fichiers, et rallonge le temps de développement.

Exemple

Le principe de Smarty est simple, et en pratique, on a, au début, le calcul des variables...

```
$nom     = 'Olivier';
$adresse = '48 Av. Général de Gaulle';
```

... puis, à la fin des calculs, la création d'un objet Smarty et l'assignation des variables :

```
// création d'un objet Smarty
$smarty = new Smarty();

// Assignation des variables destinées au template
$smarty->assign('Nom',     $nom);
$smarty->assign('Adresse', $adresse);

// Affichage du template
$smarty->display('/template.htm');
```

... et pour terminer, le fichier `/template.htm` est un page Internet qui pourrait être ainsi :

```
<body>
{$Nom}<br />
{$Adresse}
</body>
```

Nota : si on avait codé le même exemple "rapidement", il tiendrait en un seul fichier :

```
<body>
<?
$nom     = 'Olivier';
$adresse = '48 Av. Général de Gaulle';
echo $Nom<br />$Adresse;
?>
</body>
```

Mais ce code, contrairement au moteur Smarty (cf. **Fig. 8**) ne permet pas de pouvoir travailler en collaboration avec une équipe de graphistes.

5.1.4 Classes et Smarty

Smarty peut être utilisé directement dans une page qui combine code HTML et code PHP.

Dans le squelette applicatif, il est géré autrement : selon une approche orientée objet (cf. Figure 9).

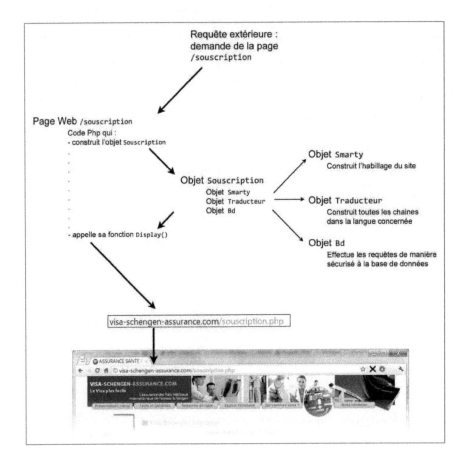

Figure 9 : Fonctionnement du squelette applicatif

Il y a une hiérarchie qui n'est jamais transgressée :

- en premier, la classe à partir de laquelle tous les objets dérivent, la classe "Objet" ;
- en second, dérivée de "Objet", la classe "Page" qui est la classe de base dont vont dériver tous les objets dont l'objectif sera d'<u>afficher une page Internet</u>.

C'est exactement sur ce principe que sont construites, puis renvoyées, toutes les pages Internet basées sur le squelette applicatif en réponse aux requêtes des navigateurs Web.

La classe "Page" est la fondation de l'affichage.

Dès sa construction, elle crée un objet Smarty "`Smarty`", un objet base de données "`Bd`", et un objet traducteur "`Trad`".

Enfin, elle a la fonction "`Display()`" qui transmet toutes les variables calculées à l'objet Smarty "`Smarty`", puis demande à "`Smarty`" d'afficher la page.

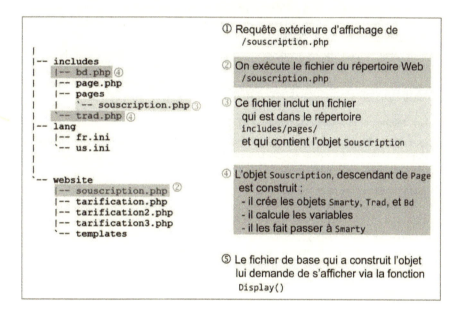

Figure 10 : Etapes de la constrution d'une page exemple "`/souscription.PHP`"

5.1.5 Optimisation et performance

5.1.5.1 YSlow (Yahoo slow)

Le site Internet Yahoo met à la disposition des développeurs Internet des outils qui peuvent les aider à faire un travail de meilleure qualité. Parmi ces outils, YSlow s'intègre en tant que greffon ("plug-in") de manière transparente dans le navigateur Web Mozilla Firefox, et peut aider, en collaboration avec le greffon Firebug, à optimiser le site Internet de manière à obtenir de meilleures performances : les pages s'afficheront plus vite et l'expérience utilisateur sera améliorée.

Lorsque les pages d'un site Internet s'affichent plus rapidement, les internautes ont tendance à revenir. **La performance est une composante essentielle à la clé du succès d'un site Internet.**

Nous avons appliqué toutes les règles suggérées par YSlow [W-17] de plusieurs manières :

- sur le squelette applicatif ;
- lors de l'installation du serveur Apache ;
- lors l'optimisation du serveur Apache.

Nota : seules les règles applicables dans le cadre du projet sont présentes.

Règle d'or de la performance :

80-90% de la réponse à une requête de page Internet est utilisée via le téléchargement de tous les composants de la page en question : images, feuilles de style CSS, scripts, Flash, etc. C'est la *règle d'or de la performance*.

Entre 40 et 60 % des visiteurs quotidiens n'ont pas encore mis en cache les pages [W-18] qu'ils visitent sur le site concerné. Le fait d'afficher les pages rapidement sur les navigateurs qui viennent sur le site *pour la première fois*, afin de rendre l'expérience utilisateur plus fluide, est une clé du succès.

a) Minimiser le nombre de requêtes HTTP

Il nous a fallu réduire le nombre de composants qui sont téléchargés séparément. La page la plus lente (http://visa-schengen-assurance.com/souscription.PHP) téléchargeait plus de 60 composants différents. Après optimisation, elle n'en charge plus que 11.

Fichiers combinés : nous avons combiné tous les fichiers du même type en un seul, diminuant d'autant le nombre de requêtes. Ainsi, nous avons combiné les six fichiers CSS en un seul, et les trois fichiers JavaScript en un seul.

Les sprites CSS : cette méthode consiste à combiner toutes les *petites* images en une seule grosse, et, là où ces petites images doivent s'afficher, mettre en place un habillage en conséquence qui spécifie la portion d'image à afficher. Nous utilisons en général les propriétés CSS `background-image` et `background-position` afin de n'afficher que le segment approprié.

b) Entête `Expire` ou `Cache-Control`

Ce principe concerne deux points différents :

- Pour les composants statiques, il faut mettre en place la politique du "n'expire jamais", en appliquant à l'entête "`Expires`" une valeur dans un futur très lointain ;
- Pour les composants dynamiques : il faut utiliser un entête "`Cache-Control`" adéquat pour aider le navigateur à mieux gérer les requêtes conditionnelles.

Un navigateur qui vient pour la première fois afficher une page du site fait plusieurs requêtes HTTP, mais en configurant correctement les entêtes "`Expires`" et "`Cache-Control`", *nous autorisons le navigateur à mettre les composants en cache.*

Cela signifie que si le visiteur va afficher d'autres pages dans lesquelles il y aura ces composants, comme ils auront été mis en cache, il n'y aura aucune nouvelle demande concernant ces composants.

Les entêtes "Expires" sont utilisés le plus souvent avec les images, mais nous les utilisons sur _tous_ les composants tels que les scripts, les feuilles de style CSS, et les composants Flash.

Notre serveur Web utilise l'entête "Expires" en réponse à une demande de composant, ou de page, afin de préciser au programme client (au navigateur ou au proxy) combien de temps il peut garder cet objet en cache, avant de le recharger. Dans cet exemple, on donne une expiration très tardive, afin de lui préciser qu'il na pas besoin de le recharger avant le 15 avril 2012 :

```
Expires: Thu, 15 Apr 2012 20:00:00 GMT
```

Si on est sur un serveur HTTP Apache, on peut utiliser la directive ExpiresDefault [W-19] en précisant une date d'expiration relative à la date courante. Par exemple, nous avons configuré le serveur de telle façon que, par défaut, au moment de la requête, la date d'expiration à renvoyer est de "10 ans à partir de maintenant" :

```
ExpiresDefault "access plus 10 years"
```

Actuellement les noms sont fixes. C'est à dire que si nous modifions le composant en question, il nous faudra changer son nom afin d'être sûr qu'il sera correctement rechargé si un programme client qui a déjà visité le site, revient le visiter. Par exemple, une solution consisterait à inclure la version du site dans le nom du fichier concerné : yahoo_2.0.6.js.

Nota : cette pratique concerne uniquement l'amélioration des clients qui ont déjà visité le site. Cela n'a aucun impact auprès des clients dont le cache sera vide. En précisant l'entête "Expires" dans un futur lointain, on augmente le nombre de composants mis en cache et, dès la seconde visite, il n'y a aucun octet de retransmis concernant l'objet concerné.

c) Compression avec Gzip

Depuis le HTTP/1.1, les clients Web précisent s'ils supportent la compression au travers d'un entête dans la requête HTTP :

```
Accept-Encoding: gzip, deflate
```

Si le serveur Web voit cette possibilité dans l'entête de la requête, il peut répondre en renvoyant du contenu compressé en utilisant une des méthodes précisées par le client. Le serveur notifie le client en ajoutant dans l'entête de réponse la directive "Content-Encoding" :

```
Content-Encoding: gzip
```

Aujourd'hui il y a approximativement 90% du trafic Internet qui est composé de trames compressées via la méthode Gzip [W-20], pour des navigateurs qui acceptent ce format de compression (cf. Figure 11).

	Non compressé	Compressé	Gain en rapidité
/souscription.PHP	32.6 k octets	8.2 k octets	~400 %
/presentation.PHP	7.8 k octets	3.2 k octets	~200 %
/tarification.PHP	8.4 k octets	2.7 k octets	~300 %
/js/left.js	1.7 k octets	0.6 k octets	~300 %
/css/fr/ default/style.css	18.7 k octets	3.2 k octets	~600 %

Figure 11 : Résultats après compression Gzip des pages Internet

Nous avons considérablement réduit le temps pris pour transférer les informations lors d'une requête HTTP en compressant les réponses HTTP (la vitesse d'affichage a été en moyenne réduite d'un tiers).

Sur le serveur Apache, il suffit d'activer le module mod_deflate.

Nota : de vieux navigateurs ont des problèmes de compression (par exemple Internet Explorer 6). Le module d'Apache se charge de ces problèmes et envoie les données compressées ou non en fonction de l'élément à envoyer et du navigateur client.

d) Les feuilles de style en haut du document

L'objectif, lorsqu'on veut rendre l'expérience de navigation agréable, est de donner la possibilité au client d'afficher le plus rapidement possible la page, *y compris de manière progressive.*

Le fait de mettre toutes les feuilles de style en haut du document, entre la balise <head></head>, aide le client à afficher plus rapidement la page : en effet, le navigateur a les informations nécessaires pour pouvoir afficher progressivement la page.

C'est particulièrement important pour les connexions lentes, telles que celles des téléphones portables.

Nous avons déplacé toutes les feuilles de style en haut des pages HTML. L'utilisateur a ainsi un retour visuel immédiat, y compris lors de l'affichage du site sur téléphone portable.

Nota : le fait de mettre les feuilles de style en bas d'une page HTML *empêche* le navigateur client d'afficher la page. La plupart des navigateurs (presque tous au moment de l'écriture de ce mémoire) bloquent l'affichage et n'affichent rien tant qu'ils n'ont pas toutes les informations nécessaires pour faire le rendu minimal, et afin d'éviter d'avoir à afficher deux fois les éléments (parce que leur position peut changer selon les directives des feuilles de style). L'utilisateur est alors devant une page vierge qui attend d'être totalement téléchargée.

e) Mettre les Scripts en bas de page

Les spécifications HTTP 1.1 suggèrent que le navigateur ne télécharge pas plus de deux composants en même temps et en parallèle par nom d'hôte. Ainsi, les scripts bloquent les téléchargements en parallèle. Si on sert des informations avec plusieurs noms d'hôte, on peut faire plus de deux téléchargements en parallèle. Néanmoins, pendant qu'un script est en cours de téléchargement, le navigateur ne va jamais commencer d'autres téléchargements, y compris sur des noms d'hôtes différents.

Nous avons ainsi mis en place plusieurs noms d'hôte à l'intérieur d'une même page, et la vitesse de téléchargement d'une page a été presque multipliée par quatre (cf. *5.5.2.2*).

f) Externalisation des scripts JavaScript et des feuilles de style CSS

Beaucoup de ces règles de performances sont liées à la manière dont les composants externes sont gérés.

En général, il faut externaliser les scripts JavaScript et les feuilles de style parce qu'elles sont mises en cache par le navigateur client.

Sur le site d'origine, presque tous les codes JavaScript, ainsi que l'habillage étaient inclus à l'intérieur de chaque page, et avaient été copié/collé (cf. *5.1.2.2*). Nous avons donc modifié toutes les pages du site en conséquence et externalisé, dans des fichiers adéquats (JavaScript et CSS) le code JavaScript et les feuilles de style.

Comme le JavaScript et le CSS sont dans des fichiers externes, ils sont mis en cache par le navigateur et la taille du document HTML est réduite d'autant, sans augmenter le nombre de requêtes HTTP.

g) Réduction du nombre de résolutions de noms de domaines (DNS Lookups)

Au même titre qu'un annuaire téléphonique de la vie courante, il faut faire un lien entre un nom de domaine et l'adresse physique de l'ordinateur qui pourra servir des pages Internet de ce domaine. Lorsqu'on tape "www.yahoo.com" dans le navigateur, ce dernier va interroger un annuaire de noms de domaine (DNS, Domaine Name System resolver) qui renverra l'adresse IP à utiliser. DNS a un coût.

Pour un nom de domaine donné, une résolution DNS prend en moyenne entre 20 et 120 millisecondes. Le navigateur ne peut rien télécharger de ce nom de domaine tant que la correspondance avec une adresse IP n'a pas été faite.

Afin d'obtenir de meilleures performances, les résolutions DNS sont mises en cache par le navigateur. Il y a d'autres endroits où le cache DNS est appliqué, notamment à l'intérieur du système d'exploitation dans lequel le navigateur fonctionne. Mais concernant le navigateur, il faut retenir ceci : tant que ce cache est vide, *le nombre de résolutions DNS est équivalent au nombre d'hôtes uniques déclarés dans la page HTML*.

A contrario, il fallait penser à la règle 6 (externalisation des scripts JavaScript et des feuilles de style CSS) : deux téléchargements en simultané sont autorisés par noms d'hôtes. Il nous a fallu gérer une balance entre le nombre de résolutions DNS à faire, et à l'inverse, le nombre de téléchargements simultanés dont a besoin la page afin de diminuer le temps d'affichage de cette dernière.

Nous avons suivi les préconisations de YSlow : séparer les composants que l'on veut télécharger en parallèle sur au minimum deux noms d'hôtes différents, mais au maximum quatre noms d'hôtes. On a un compromis acceptable entre une rapidité acceptable de résolution DNS et un nombre acceptable de téléchargements parallèles.

h) Réduction du code JavaScript and CSS

L'acte de réduction, appelé parfois "minification", consiste à supprimer les caractères inutiles dans le code, afin de réduire sa taille, et ainsi de réduire les temps de téléchargement.

Pour ce faire nous avons utilisé la technique de réécriture qui réduit ainsi le code :

- les commentaires sont supprimés ;
- les espaces, les retours chariot, les tabulations sont supprimés.

Dans le cas du JavaScript, nous avons utilisé deux outils très populaires : "JSMin [W-21] " et "YUI Compressor [W-22] ". YUI a été le plus efficace pour optimiser les feuilles de style CSS.

i) Modification des redirections

Les redirections sont mises en œuvre en renvoyant les codes d'état 301 et 302. Voici un exemple d'entêtes HTTP dans une réponse 301 :

```
HTTP/1.1 301 Moved Permanently
Location: http://visa-schengen-assurance.com/nouvelleuri
Content-Type: text/html
```

Le navigateur détecte automatiquement qu'il y a redirection, et se sert de l'information qu'il y a dans la directive "Location". Toute l'information nécessaire à une redirection se situe dans l'entête. Le corps d'une réponse de redirection est généralement vide.

Concernant http://visa-schengen-assurance.com/, ça n'était pas le cas : en PHP, après avoir effectué une redirection (envoyé les entêtes de redirection), il faut arrêter toute exécution supplémentaire (généralement l'ordre exit()). Or, le code continuait à s'exécuter et renvoyait une page de plusieurs kilos octets, bloquant la redirection.

Nous avons ainsi corrigé 32 problèmes liés aux redirections.

j) Configuration des tags "ETags"

Les tags "Entité", ETags, correspondent à un mécanisme utilisé par les serveurs Web et les navigateurs afin de déterminer si le composant dans le cache du navigateur correspond à celui du serveur concerné.

Les ETags ont été crées afin de fournir un mécanisme de validation des entités dans le cache plus flexible que celui basé sur la date de la dernière modification. Un ETag est une chaine qui identifie de manière unique une version spécifique d'un composant.

Nous avons configuré notre serveur afin qui gère les ETags : lorsqu'il doit renvoyer un composant (image, CSS, JavaScript etc.), il spécifie l'ETag de ce dernier via un entête de réponse ETag :

```
HTTP/1.1 200 OK
Last-Modified: Tue, 12 Dec 2006 03:03:59 GMT
ETag: "10c24bc-4ab-457e1c1f"
Content-Length: 12195
```

Plus tard, si le navigateur doit revérifier la validité d'un composant, il envoie un entête If-None-Match dans lequel il renvoie le ETag au serveur. Si le ETag correspond, notre serveur renvoie un code de status 304. Dans cet exemple, cela réduit la taille de la réponse de 12195 octets :

```
GET /i/yahoo.gif HTTP/1.1
Host: us.yimg.com
If-Modified-Since: Tue, 12 Dec 2006 03:03:59 GMT
If-None-Match: "10c24bc-4ab-457e1c1f"
HTTP/1.1 304 Not Modified
```

Nota : les ETags ont un défaut : ils sont uniques par serveur : si un navigateur interroge un serveur pour un ETags spécifique, et qu'il tente plus tard de valider sur ce composant sur un autre serveur, les ETags ne correspondront pas. C'est une situation typique rencontrée par les sites Web qui ont des fermes de serveurs, pour lesquelles un serveur peut répondre, et puis à un autre moment, un autre serveur. Comme notre site Web est actuellement hébergé sur un seul serveur, le problème ne se pose pas. Dans le cadre où nous grossirions, alors une directive Apache sera à appliquer : suppression des ETags :

```
FileETag none
```

k) Séparer les composants sur plusieurs domaines

Le fait de séparer les composants sur plusieurs domaines aide aux téléchargements en parallèle. Deux téléchargements en parallèle par noms de domaine sont autorisés. Il faut juste s'assurer d'être entre deux et quatre domaines, à cause du problème de temps mis par la résolution DNS. Dans ce cadre, nous avons mis en place les règles pour les objets statiques (cf. *5.5.2.2*).

l) Suppression des iframes

Les iframes donnent la possibilité d'insérer un document HTML dans un document "père". Il faut bien comprendre comment fonctionnent les iframes :

Avantages `<iframe>` :

- Pratique pour inclure facilement des composants tierce partie telles que les publicités
- Bac à sable pour la sécurité
- Télécharge les scripts en parallèle

Inconvénients `<iframe>` :

- Coûteux en terme de temps même s'il est vide
- Bloque l'événement JavaScript `onload()`
- Aucune sémantique possible

Au vu des inconvénients, nous avons décidé de supprimer toutes les iFrames du site. Par exemple, le paiement en ligne se faisait dans une iFrame.

m) Aucune erreur 404

Les requêtes HTTP prennent du temps, donc faire une requête HTTP et recevoir une réponse inutile (c'est à dire "`404 Not Found`") est inutile et ralentit l'expérience utilisateur.

Le site http://visa-schengen-assurance.com/, lors de sa première mise en production, avait 20 pages et liens vers des images qui n'aboutissaient à rien (c'est à dire "`404 Not Found`"). Nous avons corrigé ces problèmes lors de la seconde phase (cf. 5.3).

n) Réduction de la taille des Cookies

Les cookies HTTP sont utilisés pour beaucoup de raisons, telles que, notamment, la personnalisation ou l'authentification. L'information sur les cookies est échangée dans les entêtes HTTP pendant les échanges entre les serveurs Web et les navigateurs.

Dans ce cade, nous avons supprimé la plupart des cookies, car ils étaient inutilisés. Je n'ai pas réussi à comprendre quel était leur objectif initial. La suppression des cookies n'a changé en rien l'affichage et le comportement du site.

o) Utilisation des domaines sans Cookie

Lorsque le navigateur fait une requête pour une image statique, il envoie tout de même les cookies dans la requête. Le serveur ne se sert absolument pas de ces cookies. Ils créent donc un trafic supplémentaire inutile. Nous nous sommes assuré que tous les composants statiques tels que les images étaient récupérés sur des domaines sans cookie. Nous avons crée le sous-domaine "`static`", et nous y avons mis les composants adéquats (cf. 5.5.2.2).

Nota : un autre bénéfice concerne les proxies : certains proxies refusent de mettre en cache des composants qui ont été demandés avec des cookies.

p) Choix de `<link>` au lieu de `@import`

La règle 4 que nous avons suivi, explique qu'il vaut mieux mettre les feuilles de style CSS en début de document pour donner la possibilité au navigateur de faire un affichage progressif.

Avec Microsoft Internet Explorer, la directive `@import` se comporte exactement comme si on avait mis la directive `<link>`, mais en bas de page ! Il faut donc éviter `@import`.

Le site http://visa-schengen-assurance.com/, lors de sa première mise en production, n'avait que des liens CSS déclaré via `@import`. Nous avons corrigé ces problèmes lors de la seconde phase (cf. 5.3).

q) Ne pas redimensionner les images dans le code HTML

Il ne faut pas utiliser des images plus grosses que nécessaire, tout en précisant leur taille dans le code HTML. Si on a besoin de :

```
<img width="100px" height="100px" src="monchien.jpg" alt="Mon Chien" />
```

Et qu'on a une image de 500x500 pixels, alors il faut redimensionner l'image en 100x100 pixels au lieu de la laisser en 500x500 pixels.

r) Rendre l'icône "`favicon.ico`" petit et "cacheable"

L'icône "`favicon.ico`" est une image qui est à la racine du serveur. C'est un détail qui peut être pervers, parce que si on n'y fait pas attention, le navigateur va systématiquement redemander cette icône, et il vaut mieux dans ce cas éviter de répondre avec une erreur "`404 Not Found`". Et comme il est à la racine du serveur, sur le même nom de domaine, lorsque le navigateur le demande, c'est aussi en envoyant les cookies *à chaque fois*.

Donc il faut toujours avoir un icône "`favicon.ico`". Pour optimiser au mieux, il faudrait :

- qu'il soit petit, de préférence moins de 1000 octets
- qu'il ait un header "`Expires`" relativement lointain (surtout si l'icône ne va pas changer souvent)

s) La taille des composants ne doit pas dépasser 25000 octets

Cette restriction est due au fait que l'Apple iPhone[18] ne met jamais en cache des composants dont la taille dépasse 25000 octets. Il faut bien noter qu'il s'agit de la taille non compressée. Nota : compresser le flux n'est pas utile dans le cadre de cette règle.

t) Suppression des déclarations d'images dans lesquelles il n'y a rien

Le site http://visa-schengen-assurance.com/, lors de sa première mise en production, contenait sur presque toutes les pages des déclarations d'images vides :

- Souvent directement dans du code HTML : `<img src="">`
- En JavaScript :
  ```
  var img = new Image();
  img.src = "";
  ```

---

[18] http://www.apple.com/fr/iphone/

Dans les deux cas, le problème est le même : les navigateurs vont tout de même faire une requête vide, donc totalement inutile, au serveur.

Nous avons identifié, puis corrigé 17 problèmes de ce type lors de la seconde phase (cf. 5.3).

5.1.5.2 Serveur HTTP Apache : la sécurité

Voici les points que nous avons appliqués dans le cadre de la sécurisation de notre serveur Web Apache [W-24] :

a) Cacher le numéro de version d'Apache, et d'autres informations sensibles

Par défaut les installations du serveur Web Apache, lors des échanges avec les clients Web, donnent leur numéro de version, et sur quel système d'exploitation le serveur est installé, voire quels sont les modules Apache installés. Des personnes malintentionnées pourraient utiliser ces informations à leur avantage pour mettre en place des attaques. De plus, si on laisse la configuration telle qu'elle est à l'installation, c'est aussi ce message qui est transmis : "j'ai laissé toutes les options par défaut".

Pour éviter ce problème, nous avons changé les valeurs par défaut par ces valeurs :

```
ServerTokens Prod
ServerSignature Off
TraceEnable Off
```

b) S'assurer que le processus "apache" tourne sous son propre groupe "apache" et a son propre compte utilisateur "apache".

La plupart des installations d'Apache le configurent en l'autorisant à être exécuté en tant qu'utilisateur "nobody". Supposons que Apache et, de la même manière, un serveur mail, sont exécutés en tant qu'utilisateur "nobody" et qu'une attaque sur le serveur Apache réussisse : le serveur de mail sera automatiquement compromis, et vice versa.

Pour vérifier sous quel utilisateur/groupe Apache est exécuté, il faut exécuter ce qui suit :

```
grep -RE '(APACHE_RUN_USE|APACHE_RUN_GROUP)' /etc/apache2/
```

c) S'assurer que les fichiers en dehors du dossier racine du site Internet ne peuvent être servis

Annuler la directive qui autorise le parcours de répertoires. Pour ce faire, dans le fichier de configuration, activer cette option :

```
Options -Indexes
```

d) Interdire les inclusions de fichiers côté serveur, et...
e) ...interdire les exécutions CGI (Common Gateway Interface)

Si, comme c'était le cas pour nous, on ne s'en sert pas, il faut supprimer ces autorisations (4 et 5) du fichier de configuration.

f) Interdire le serveur Apache de suivre les liens symboliques

Pour ce faire, dans le fichier de configuration, activer cette option :

```
Options -FollowSymLinks
```

g) Interdire la prise en compte des directives dans les fichiers .htaccess

Toujours dans le fichier de configuration, activer cette option :

```
AllowOverride None
```

Cela augmente aussi les performances du serveur Apache, car il n'essaiera pas de voir s'il y en a, ni d'activer les options contenues dans ces fichiers.

5.1.6 Multilinguisme

Lorsque des sites Internet proposent de saisir des informations (par exemple dans la section "souscription" de http://visa-schengen-assurance.com/), ils doivent être prévus pour appréhender correctement des caractères internationaux qui arriveraient via des saisies utilisateurs. En effet, un site qui est mis à disposition sur la toile Internet, permet à n'importe quel internaute d'entrer, et donc d'envoyer, des informations. Ces dernières peuvent être des caractères inattendus : par exemple, même si le site est en français, et qu'il est prévu pour des personnes parlant la langue française, rien n'empêche un Grec ou un Chinois de taper dans les zones de saisie, des caractères tels que, par exemple, "bonjour" en Chinois simplifié : "你好" ou "bonjour" en Grec : "γειά σου".

J'ai décidé de baser tout sur l'encodage le plus utilisé dans le monde Internet : l'**UTF-8**[19]. Par conséquent, tout, dans le squelette applicatif, est encodé en **UTF-8** :

- les fichiers HTML **Smarty** pour les graphistes ;
- la déclaration interne dans tous les fichiers HTML
  (déclaration **meta : charset=UTF-8**)
- le serveur Web Apache est configuré pour servir les pages uniquement en **utf8**
  (**AddDefaultCharset utf8**)
- toute la base de données, les tables, la comparaison des chaines dans la base de données, la connexion à la base (**set names utf8**) , etc.
- jusqu'à l'intégralité du développement (tous les fichiers sources), afin de garder une homogénéité de bout en bout.

5.1.7 Mapping objet relationnel (ORM - Object Relationnal Mapping)

5.1.7.1 ORM classique

En anglais ORM, "object-relational mapping", soit mapping objet-relationnel, consiste à définir des correspondances entre une base de données et des objets du langage utilisé de manière à n'utiliser que les objets et ne plus accéder directement à la base elle même.

---

[19] Joël Spolsky - "Le minimum absolu que tout développeur doit absolument, positivement savoir sur Unicode et les jeux de caractères" - http://french.joelonsoftware.com/Articles/Unicode.html

En pratique : à une classe dans le langage de programmation donné correspond une table en base de données, et chacune de ses propriétés correspond à un champ de la table.

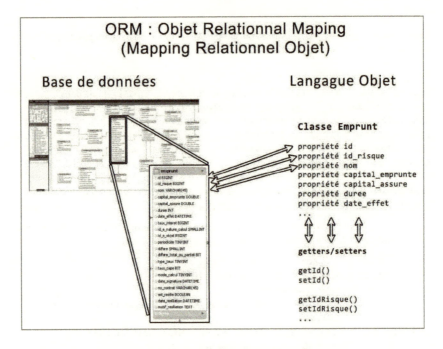

Figure 13 : Principe du Mapping objet relationnel

Il est possible pour chaque propriété, d'avoir une fonction qui va lire cette propriété (`getXxx()`) et une fonction qui assigne une valeur (`setXxx()`). On les appelle couramment les getters/setters.

Avec des getters/setters, il est possible de s'assurer :

- de valider l'assignation d'une valeur en fonction de données attendues (par exemple, si `setTaille()` reçoit autre chose qu'un nombre, générer une erreur) ;
- de s'assurer qu'une valeur a été assignée avant qu'on s'en serve (par exemple, si on utilise `getAge()` pour déterminer un échéancier en fonction de l'âge de l'emprunteur, il faut impérativement que l'âge ait été renseigné, sinon on génère une erreur.

On peut améliorer la sécurité du développement en s'assurant, lors de l'assignation, que le type est effectivement celui attendu. Par exemple, si on doit renseigner la taille avec un nombre (`int`), alors `setTaille()` doit vérifier que ce qu'on lui donne est effectivement un nombre, et un nombre entier (`is_int($Taille)...`), positif et borné. C'est une façon tout à fait sécurisée de s'assurer qu'on ne peut pas avoir de débordements inattendus.

Dans tout le squelette applicatif, j'ai fait en sorte de n'avoir que des getters/setters pour toutes les propriétés.

5.1.7.2 ORM dans le squelette applicatif

Il nous est arrivé plusieurs fois des cas où il fallait accéder à des propriétés d'objets qui faisaient partie du mapping objet relationnel, sans pour autant accéder à la base de données.

Par exemple, lorsque la société d'assurance La Mondiale, qui échangeait avec nous des flux de données, nous a demandé plusieurs fois de faire des tests de tarification, et de leur envoyer les résultats. Dans ce cadre, j'ai développé une page Internet qui accède aux objets et à qui on peut demander des informations.

Le problème majeur est que ces informations étaient écrites en base de données, _avant_ de pouvoir effectuer le moindre calcul. Il fallait pouvoir effectuer des calculs sans avoir à écrire les informations en base de données. J'ai donc séparé complètement les accès en base de données, des objets eux-mêmes.

Dans le squelette applicatif, tous les objets qui font partie du mapping objet relationnel se décomposent en deux classes :

- la classe "mère", qui contient tous les getters et setters des champs de la table en base de données, mais qui n'accède jamais à la cette dernière ;
- la classe "fille", qui implémente les fonctions CRUD[20].

---

[20] L'acronyme informatique anglais CRUD désigne les quatre opérations de base pour la persistance des données, en particulier le stockage d'informations en base de données. Soit : Create, Read (ou Retrieve), Update et Delete (ou Destroy). C'est-à-dire : créer (insérer), lire, mettre à jour et supprimer. - http://fr.wikipedia.org/wiki/CRUD

```
Tous les objets :
- ont une classe mère qui
contient les getters/setters
des propriétés ORM
sans accéder à la base de données
...
et leurs descendants
qui ont l'extention _bd
et les fonctions
CRUD (Create / Read / Update / Delete)

        includes/classes/objet
        |-- compagnie
        |   |-- compagnie.php
        |   `-- compagnie_bd.php
        |-- decision_medicale
        |   |-- decision_medicale.php
        |   `-- decision_medicale_bd.php
        |-- document
        |   |-- document.php
        |   `-- document_bd.php
        |-- dossier
        |   |-- dossier.php
        |   `-- dossier_bd.php
        |
        ...

        |
        |-- garantie
        |   |-- garantie.php
        |   `-- garantie_bd.php
        `-- garanties
            |-- garanties.php
            `-- garanties_bd.php
```

Figure 14 : Schéma de l'héritage base de données du squelette applicatif

Concrètement, par exemple, la classe "Emprunt", a toutes les propriétés de la table
"EMPRUNT" en base de données :
- Id
- IdInternetPROPOSANT
- TypeAssurance
- CapitalEmprunte
...

Ces propriétés sont accessibles sous forme de getters / setters :
- getId() / setId()
- getIdInternetPROPOSANT() / setIdInternetPROPOSANT()
- getTypeAssurance() / setTypeAssurance()
- getCapitalEmprunte() / setCapitalEmprunte()
...

Sa classe fille "base de données", "`EmpruntBd`" qui possède les fonctions CRUD : ainsi, si on crée un objet `EmpruntBd`, on sait qu'il y aura les fonctions CRUD (qui commencent par `bdXxx`) :

- `EmpruntBd->bdCreate();`
- `EmpruntBd->bdRead();`
- `EmpruntBd->bdUpdate();`
- `EmpruntBd->bdDelete();`

Donc, pour tous les objets qui sont représentés en base de données via le mapping objet relationnel, leurs propriétés sont accessibles en lecture, et on peut les écrire en base de données toujours selon le même code.

Ainsi, en pratique, le code obtenu est très lisible, et par conséquent maintenable et évolutif :

```
$client = new Personne();
$client->setDateNaissance(28, 11, 1973);
$client->setTaille(190);
$client->setPoids(85);
$client->setSexe(1);
$client->setEstFumeur(true);
```

Si on veut l'écrire en base de données, il suffit de créer la classe descendante base de données :

```
$client = new PersonneBd();
```

Et après les déclarations, créer l'enregistrement en base de données :

```
$client->bdCreate();
```

Ainsi on peut faire le même code que ci-dessus mais avec un objet base de données :

```
$client = new PersonneBd();
$client->setDateNaissance(28, 11, 1973);
$client->setTaille(190);
$client->setPoids(85);
$client->setSexe(1);
$client->setEstFumeur(true);
$client->bdCreate();
```

Toutes les classes du squelette applicatif sont basées sur ces principes.

Par extension, les classes de base correspondent à tout ce qui n'est pas lié à la base de données. Dans ce cadre, il est possible d'y développer les fonctions qui ne dépendent pas de la base de données. Par exemple, le calcul d'un tarif.

En pratique, on a la possibilité - comme cela a été réalisé concrètement avec La Mondiale - de faire un simulateur de tarif, qui n'a pas besoin d'accéder à la base de données, et n'écrit pas les informations qu'on lui demande. Les techniciens de La Mondiale ont ainsi pu vérifier l'intégralité de leurs tarifs, via une page Internet que je leur ai mise à disposition, qui créait des objets de "base", constituait un échéancier, et l'affichait, sans aucun enregistrement en base de données. Deux gains : la rapidité de calcul et donc le temps de réponse était amélioré, et aucune "pollution" dans la base de données, via l'écriture des demandes de devis.

En appliquant ce principe, dérivé du mapping objet relationnel "classique", sur la totalité de classes, il est possible de mettre en place des unités dites "de test" afin d'automatiser certains tests et ainsi, de s'assurer que certaines parties critiques du site restent fonctionnelles après avoir modifié, ou fait évoluer des portions de code.

5.1.8 Documentation technique automatisée

En développement, il existe des outils qui extraient, en suivant certaines règles, des commentaires dans le code source et créent une documentation.

Par exemple, lorsqu'on développe en Java, si on met des commentaires formatés de manière adéquate [W-25], et que l'on exécute l'outil JavaDoc, ce dernier va lire et décomposer les fichiers, en extraire les commentaires et générer une documentation technique.

Comme tout ce qui a été fait dans le cadre de la création du squelette applicatif, il fallait pouvoir générer une documentation du site, à partir du code source même.

Il existe le même genre d'outil pour PHP : PHPDocumentor.

PHPDocumentor, parfois appelé "PHPdoc" ou "PHPdocu", est l'outil de documentation de-facto pour le langage PHP. Similaire à Javadoc, et écrit en PHP, PHPDocumentor peut être utilisé via, soit la ligne de commande, soit une interface Web afin de générer une documentation de qualité professionnelle à partir d'un code source PHP. PHPDocumentor a la possibilité de faire des liens entre plusieurs documentations, d'intégrer des documents externes tels que des tutoriels ou la référence à du code source mis en forme avec éventuellement des références à la documentation générale elle-même.

La documentation générée sert principalement dans le cadre de la formation de personnes qui viennent rejoindre l'équipe de développement (cf. Figure 15).

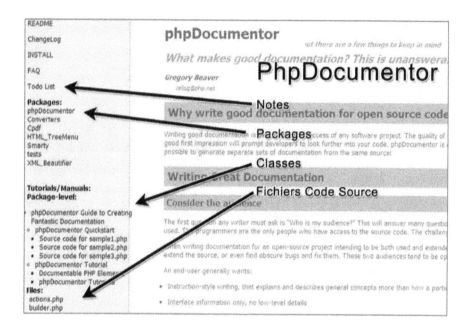

Figure 15 : Exemple de documentation PHPDocumentor

Ainsi, on peut facilement expliquer la structure globale, ainsi que le principe de fonctionnement des classes (notamment le mapping objet relationnel), rapidement visualiser et comprendre l'architecture du site, et par là-même appréhender plus facilement le squelette applicatif.

5.2 Première étape : mise en service rapide

5.2.1 Installation isolée

La contrainte première était la rapidité de la mise en œuvre.

Cependant, le site Internet souffrait de failles de sécurité critiques. Il ne fallait, dans ce cas prendre aucun risque, et faire en sorte que l'ordinateur qui hébergeait le site ne puisse pas accéder au réseau commun : j'ai demandé à avoir une machine entièrement isolée de tout le système informatique. Cela nous a donné la possibilité de mettre en place immédiatement le site Internet : si une personne malintentionnée réussissait à pénétrer dans cette machine, elle n'aurait pu faire de dommages que dans le cadre de cet espace.

J'ai, par conséquent :

- installé un serveur seul entièrement isolé par le routeur sur lequel on a créé deux réseaux virtuels différents (deux VLAN)
- demandé à mettre en place une adresse Internet dédiée ;
- mis en place le site Internet tel qu'il avait été acquis.

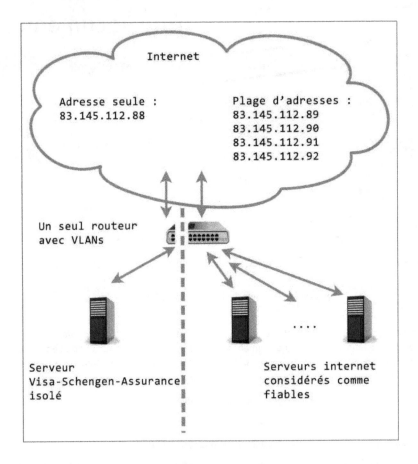

Figure 16 : Architecture du réseau lors de l'installation du serveur Visa-Schengen-Assurance

5.2.2 Résultats

La mise en place du site a été rapide : en moins de deux jours, le site Internet était opérationnel, et nous pouvions passer à l'étape suivante.

Après avoir complété l'installation d'une distribution Linux / Debian, j'ai installé le serveur HTTP Apache, PHP puis MySQL. Puis j'ai créé la base de données telle qu'elle avait été livrée avec le site.

Avec l'aide de Mr Pascal Mayani, j'ai mis en place le paiement en ligne.

Les fichiers de log PHP sont faits pour enregistrer les erreurs, et ne pas les afficher sur le site à proprement parler. Un fichier de log ne doit jamais avoir de lignes d'erreurs, sauf cas exceptionnels, et c'est dans ce cadre qu'ils sont faits.

Concernant la version d'origine mise en production, plus de cinquante deux mille lignes d'avertissements emplissaient le fichier de logs PHP au bout d'une semaine.

Malgré cela, le site fonctionnait, et les souscriptions étaient possibles.

Le premier objectif avait été accompli avec succès : mettre le site Internet http://visa-schengen-assurance.com/ en ligne le plus rapidement possible afin de ne pas perdre les acquis sur le recensement des moteurs de recherche.

5.3 Deuxième étape : mise en forme et compatibilité W3C

Avant de pouvoir intégrer le squelette applicatif, deux tâches étaient nécessaires :

- séparer le code PHP du code HTML ;
- effectuer un travail sur le code HTML afin de le rendre compatible W3C.

Ces deux tâches étaient lourdes à réaliser. C'est dans ce cadre que trois personnes sous ma responsabilité, nous ont rejoint.

5.3.1 Séparation du code PHP et HTML

En l'état, il était impossible de faire quoi que ce soit avec le code. En effet, le code PHP était complètement mélangé au code HTML.

Un première tâche devait donc consister à déplacer tout le code PHP en début de page, et tout le code HTML en bas de page.

Exemple simplifié :

```
<? if($etape=="" OR $etape=="devis"){ ?>
<img name="carre110x20" src="img/carre110x20.gif">
<? }else{ ?>
<img name="flech_vert_noir" src="img/flech_vert_noir.gif">
<? } ?>
```

Après conversion :

- le code de "calcul" des variables qui devront servir à l'affichage :

```
<? if($etape=="" OR $etape=="devis"){
  $nom_image="carre110x20";
  $src_image="img/carre110x20.gif";
}else{
  $nom_image="flech_vert_noir";
  $src_image="img/flech_vert_noir.gif";
} ?>
```

- ... puis le code d'affichage de la page :

```
<img name="<?echo $nom_image?>" src="<?echo $src_image?>">
```

Tout le calcul des variables se fait en amont, et l'affichage en fin de code.

5.3.2 Mise en compatibilité W3C du code HTML

La validation qualité du site internet par l'organisme W3C est très importante, à la fois pour rendre le site accessible à des personnes mal ou peu voyantes, et pour le rendre mieux "présentable" aux moteurs de recherche.

Le site, lorsqu'il a été mis en production, n'était pas compatible avec les recommandations du consortium W3C (cf. Figure 17).

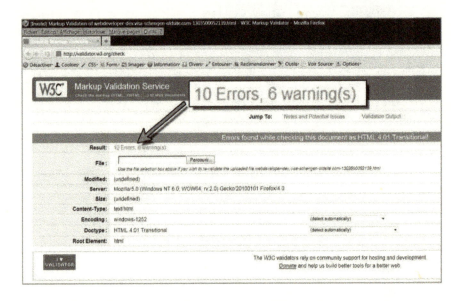

Figure 17 : Résultats qualité avec le service de validation HTML W3C - qualité refusée

Il y avait deux tâches importantes à réaliser :

- modifier le code des pages Internet afin de les rendre compatibles avec les recommandations W3C (cf. *3.2.2.3*) ;
- séparer complètement le code HTML du code PHP : déplacer tout le code HTML en bas de la page afin de prévoir l'intégration du squelette applicatif (notamment l'intégration Smarty, cf. (cf. *5.1.3*).

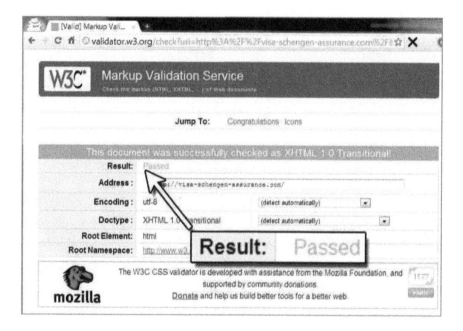

Figure 18 : Résultats qualité avec le service de validation HTML W3C - qualité acceptée

Ce travail était un travail d'horloger : tout analyser, ligne par ligne et au final s'assurer de la validité de la page.

Au bout de trois semaines de travail et de refonte fichier par fichier, les objectifs étaient atteints : toutes les pages passaient le validateur qualité W3C avec succès, et tout le code HTML avait été déporté en bas des pages. Nous avons alors procédé au passage en production. La troisième étape pouvait être démarrée.

5.4 Troisième étape : intégration du squelette applicatif

L'intégration du squelette applicatif a été une opération simple dans la mesure où nous avions préalablement bien préparé l'intégration par la mise en forme du source (cf. *5.3.1*)

5.4.1 Smarty

Les pages du site, avec le code PHP au début et le code HTML en bas, étaient prêtes à être intégrées dans le squelette applicatif. Tous ces fichiers étaient à la racine du site et devaient être éclatés en plusieurs fichiers de manière à avoir la logique applicative d'un côté, et de l'autre côté les fichiers HTML, afin d'intégrer l'outil Smarty.

Au bout de deux semaines de travail, les objectifs étaient atteints : tout le code du site http://visa-schengen-assurance.com/ était intégré au squelette applicatif.

Il devenait possible d'atteindre deux autres objectifs (cf. 3.1.2) :

- faire une refonte complète du graphisme du site ;
- intégrer deux nouvelles langues : anglais et portuguais.

5.4.2 Graphisme

Dans le cadre du squelette applicatif, Smarty (cf. 5.1.4) a un répertoire dédié, destiné aux graphistes.

Nous avons mis à disposition ce répertoire (via un accès ftp), et nous avons recruté une équipe de graphistes externes à la société, afin de refaire complètement le graphisme du site. Le travail a été terminé au bout d'une semaine.

Le site Internet était maintenant visible avec une nouvelle charte graphique.

Pendant que l'équipe de graphistes travaillait sur le code HTML du site Internet :

- il n'ont pas eu de ligne de code de logique applicative à modifier (cf. 5.1.3) ;
- ils ont pu travailler sans être perturbé par du code au milieu des documents HTML ;
- ils n'ont eu accès à aucun code de logique applicative (cf. 5.1.3).

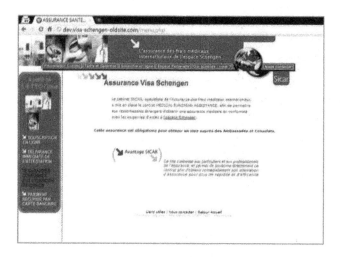

Figure 19 : Ancienne charte graphique du site http://visa-schengen-assurance.com/

Figure 20 : Nouvelle charte graphique du site http://visa-schengen-assurance.com/

5.5 Dernière étape : optimisation

5.5.1 Optimisation et développement : CSS et JavaScript

Smarty est utilisé dans le squelette applicatif pour pouvoir séparer la logique applicative de la présentation (cf. 5.1.3). Lorsqu'on a initialisé correctement un objet Smarty, avec les variables à afficher et le fichier HTML "présentation" qui contient des ordres qui lui sont destinés, le moteur Smarty compile (ce n'est pas une compilation au sens propre, il "transforme") le fichier présentation, ici HTML, en un fichier PHP, qui est un fichier qui sert de fichier _cache_, qui est prévu pour recevoir les variables calculées. Ainsi, la prochaine fois, lorsqu'un internaute demandera à voir la même page, Smarty comparera les dates de modification des fichiers HTML "présentation" et de son fichier "cache" :

- si la date du fichier "cache" est plus ancienne, Smarty recompile le fichier HTML "présentation" dans le fichier cache ;
- si la date du fichier "cache" est plus récente, Smarty n'a plus aucun calcul à faire, il se sert de ce fichier, lui passe les variables et l'affiche.

Smarty a donc un système de cache interne.

Il s'en sert dans le cadre de fichiers (PHP + HTML), mais il est possible de lui faire appliquer le même principe avec les fichiers JavaScript et CSS.

L'idée consiste à faire une règle de réécriture Apache : lorsqu'une requête demande un fichier CSS ou JavaScript, c'est à dire une URL qui se termine par '`.css`' ou '`.js`', alors on transforme la requête de manière à la faire passer en paramètre, respectivement au fichier `css.PHP` ou `js.PHP`. Ces derniers construisent un objet Smarty, initialisent les variables à afficher (dans le cas des fichiers CSS et JS ce sont uniquement des chaines traduites en fonction de la langue), et renvoient un fichier CSS ou JS _comme s'il n'y avait eu aucune étape de transformation intermédiaire_ (cf Figure 12).

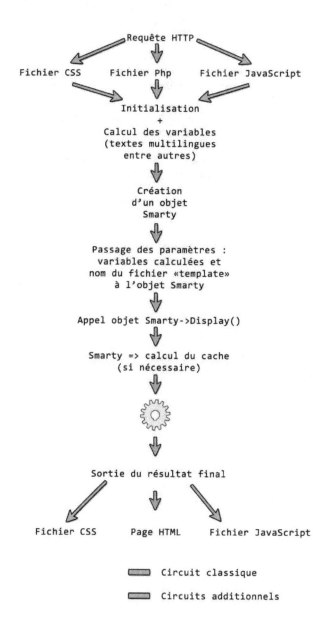

Figure 12 : Optimisation Smarty avec les fichiers CSS et JavaScript

Dans le circuit "classique", seules les pages HTML sont utilisées par Smarty. Dans le squelette applicatif, il est possible, avec Smarty et des règles de réécriture, *dans les feuilles de style CSS et les fichiers JavaScript* :

- d'intégrer des commentaires qui ne seront jamais visibles par les internautes ;
- d'optimiser ces fichiers en retirant les caractères inutiles ;
- de mettre des chaines Smarty multilingues qui sont automatiquement traduites en fonction de la langue.

Ces possibilités ne sont habituellement accessibles que dans les fichiers HTML.

5.5.2 Règles de réécriture du serveur HTTP Apache

Le serveur HTTP Apache a la possibilité de réécrire des URLs de requête à la volée [W-23]. C'est à dire qu'il est possible que l'on demande une URLs, et, avant que celle-ci arrive au moteur PHP, Apache peut la modifier via des règles de réécriture. Ainsi le script PHP recevra une URL en entrée, et agira en conséquence alors que l'URL d'origine n'est pas la même.

5.5.2.1 Dans le cadre multilingue

Dans le cadre du multilingue, un problème s'est posé, qui a été résolu grâce aux règles de réécriture Apache : à toutes les URLs qu'on demandait, il fallait passer en plus de tous les paramètres, la langue en cours, afin de traduire les chaines texte. Par exemple, ce n'était pas la page /menu.PHP qui était demandée, mais /menu.PHP?lang=fr. Et ainsi de suite pour toutes les pages. Le problème se répercutait sur les images : l'image du bouton "Valider" en français n'est pas la même que celle du bouton "Valider" en anglais.

Voici la solution appliquée : on ajoute au nom d'hôte la langue.

Par exemple, lorsqu'on demange la version anglaise du menu, au lieu de :

http://visa-schengen-assurance.com/menu.PHP?lang=us

La page demandée est :

http://us.visa-schengen-assurance.com/menu.PHP

Il en est de même pour les URLs des images : par exemple les URLS des boutons "Obtenir un devis" en français puis en anglais :

- http://us.static.visa-schengen-assurance.com/obtenir_devis.gif
- http://fr.static.visa-schengen-assurance.com/obtenir_devis.gif

La réécriture de ces adresse les transforme ainsi :

- http://visa-schengen-assurance.com/img/us/obtenir_devis.gif
- http://visa-schengen-assurance.com/img/fr/obtenir_devis.gif

C'est ainsi que nous appliquons déjà partiellement les règles YSlow (cf. *5.1.5.1*) d'optimisation de site :

- règle 11 : séparer les composants sur plusieurs domaines ;
- règle 15 : utilisation des domaines sans Cookie.

5.5.2.2 Dans le cadre des pages statiques

Pour appliquer totalement la règle YSlow d'optimisation 15 "utilisation des domaines sans Cookie", il faut mettre en place un nom d'hôte différent de celui sur lequel les cookies sont utilisés. Pour cela nous avons mis en place une règle de réécriture Apache, et modifié le code PHP de génération des liens vers les fichiers statiques (fichiers images, CSS, et JavaScript).

Lorsqu'une requête d'URL est faite, et que Smarty génère le fichier à renvoyer, les variables statiques renvoient toutes à un nom de domaine différent du nom de domaine qui contient les cookies : par exemple avec la page /souscription.PHP :

http://us.visa-schengen-assurance.com/souscription.PHP

Les images qui sont contenues dans cette page ne sont pas, comme cela était à l'origine, /obtenir_devis.gif, mais :

http://us.**static**.visa-schengen-assurance.com/obtenir_devis.gif

Ainsi, le navigateur voit qu'il y a une demande sur un nom de domaine différent, et *ne fait pas suivre les cookies* qui sont dans la page /souscription.PHP.

Avec une taille de cookie de 3 kilo-octets, et une moyenne de 8 images par pages, comme il n'y a plus d'envoi de cookie pour ces images, le gain par page est en moyenne de 8 x 3 = 24 kilo-octets, soit un gain de plus de 25 % de rapidité par page.

Ces règles de réécriture et de fonctionnement sont appliquées sur tout le site, donc le gain s'est avéré total sur tout le site.

6 Bilan

6.1 Points positifs - une qualité au rendez-vous

6.1.1 OWASP Top ten

Si on reprend les points de l'OWASP Top ten (cf. *4.2.2*), les points validés sont en vert avec une marque validée (check), et en rouge avec une croix, ceux qui ne le sont pas - ou pas totalement :

1. ☑ Injection : tous les caractères en provenance de l'utilisateur sont "échappés" via les instruction PHP adéquates.

2. ☑ Cross-Site Scripting (XSS) : tous les caractères susceptibles de poser problème ont été convertis en code HTML (`htmlentities()`) avant d'être enregistrés dans la base de données, ce qui fait qu'à la lecture ou l'affichage, du code malveillant ne peut pas être exécuté (les balises d'exécution JavaScript sont "échappées", empêchant ainsi toute exécution XSS).

3. ☑ Casser une gestion d'authentification ou de session : le paiement en ligne se fait en HTTPS avec le protocole SSL.

4. ☑ "Insecure Direct Object References" : tous les accès aux objets ne se font jamais via l'utilisation de propriétés envoyées par le client Web.

5. ☒ Cross-Site Request Forgery (CSRF) : pour éviter les CSRF, il faut prévoir cela lors de la conception du site. Ce n'est pas le cas chez nous. Le risque reste néanmoins très limité sachant que seuls les utilisateurs connectés en interne (par vérification d'adresse IP) peuvent avoir accès à des informations confidentielles.

6. ☑ Mauvaise configuration de sécurité : le site est installé sur un seul ordinateur, et deux sauvegardes se font via des ordinateurs distants qui viennent se connecter et lire les fichiers à sauvegarder (cf. *5.2.1*). Une seule configuration est nécessaire.

7. ☒ Insécurité cryptographique du stockage : les mots de passe ne sont pas encodés avant d'être écrits dans la base de données.

8. ☑ Mauvaises limitations d'accès URL : les vérifications d'adresses IP au travers de règles de réécritures ont été mises en place dès la première version du site.

9. ☑ Protection insuffisante de la couche transport : une communication SSL a été mise en place pour toutes les pages sensibles, et le certificat digital de paiement est, nécessairement, valide et généré par une autorité de certification reconnue.

10. ☑ Mauvaises redirections / suivis d'adresses : Nous n'avons aucune redirection particulière, si ce n'est vers les pages de langues adéquates, et dans ce cadre, seule la langue est ajoutée à l'adresse Internet d'origine : par exemple : http://visa-schengen-assurance.com/menu.PHP
deviendra en Portugais :
http://**pt**.visa-schengen-assurance.com/menu.PHP

8 points valides sur 10 : concernant la sécurité, le site Visa Schengen a atteint un niveau de sécurité acceptable, qui est presque diamétralement à l'opposé de celui d'origine.

6.1.2 Le W3C

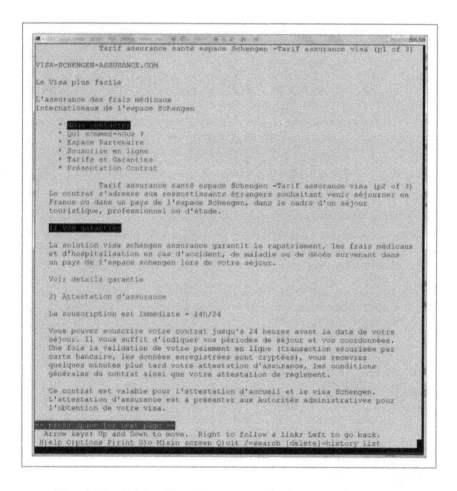

Figure 21 : Le site Internet lu par Lynx - ce que voient les moteurs de recherche

Toutes les pages sont validées comme étant compatibles W3C.

De ce fait, elles s'afficheront correctement sur tous les médias qui suivent ces recommandations.

Après avoir effectué deux tests d'inscription, le site http://visa-schengen-assurance.com/ s'est affiché et a fonctionné, sans problème, sur un téléphone récent Apple iPhone 4 (système d'exploitation iOS v.4), et sur un Sony Ericsson Xperia Arc (système d'exploitation Android v.2.3).

6.2 Points à améliorer

6.2.1 Améliorations prioritaires

6.2.1.1 La gestion documentaire

La loi impose une conservation des certains documents numériques émis, tels que, notamment, des factures et des contrats. Actuellement, les contrats d'assurance ne sont stockés que d'une seule façon : en tant que pièce jointe, lors de l'envoi automatique par mail à la fin du paiement de la cotisation. Donc sur le serveur de mail.

Si jamais il fallait ressortir tous les contrats envoyés, ce serait très difficile. Il faut rapidement mettre en place un système qui archive les pièces envoyées par mail dans un dossier adéquat.

6.2.2 Améliorations secondaires

6.2.2.1 O.W.A.S.P. Top ten : les points restants

Deux points restent à améliorer :

- Cross-Site Request Forgery (CSRF) : créer un jeton unique et non prévisible par requête HTTP et par utilisateur est une tâche très lourde à mettre en place. Le risque étant néanmoins très limité, (cf. 6.1). Dans ce cadre, cette amélioration ne sera probablement jamais implémentée.
- Insécurité cryptographique du stockage : les mots de passe, ainsi que des informations bancaires, ne sont pas encodés avant d'être écrits dans la base de données. C'est une amélioration à prévoir dans les mois à venir. Si une personne malintentionnée réussit à interroger la base de données, elle peut récupérer des informations confidentielles concernant les souscripteurs [B-10].

6.2.2.2 Gestion de la tarification

C'est un point prioritaire : la base de données n'a pas été modifiée, ainsi que le calcul des tarifs. Le code qui effectue le calcul avait été copié collé à huit endroits différents (cf. 5.1.2.1). La tâche est estimée à deux mois / homme. De ce fait, si on avait voulu la mettre en place, la durée des objectifs principaux aurait été d'autant décalée et ils n'auraient pas été atteints dans les temps voulus. Comme le site Internet pouvait fonctionner avec la tarification d'origine, cette tâche a été considérée comme une amélioration secondaire.

Il faudra donc :

- changer la structure de la base de données pour pouvoir gérer une tarification plus fine (date de début de validité, date de fin de validité) ;
- remettre ce code à un seul endroit ;
- le modifier de manière à pouvoir gérer une tarification plus souple (prise en compte d'apporteurs d'affaires et de commissions dans le calcul).

6.3 Retour d'expérience

6.3.1 Mieux définir les besoins

Les besoins commerciaux sont liés aux contraintes techniques : c'est en fonction de ces dernières qu'on établit un plan d'action et tout ce qu'il faut mettre en place techniquement.

Or, les besoins commerciaux évoluent dans le temps : de nouveaux produits à ajouter, de nouveaux modes de calcul, etc. Il est donc primordial de s'assurer d'une évolutivité maximale dès le début. La difficulté réside souvent en ce qu'il faut avoir réussir à comprendre correctement les besoins commerciaux *et* anticiper sur leurs futures demandes.

Il n'est pas forcément évident, pour un chef de projet, d'imaginer quels vont être les impératifs commerciaux d'ici plusieurs mois lorsque le site Internet sera mis en place et qu'il fonctionnera. Des questions judicieuses peuvent faire gagner des jours, voire des mois, ou, encore plus important, éviter d'arriver dans un cul-de-sac technologique où l'on répond "le système est conçu de telle manière que le travail pour implémenter cette fonctionnalité est trop gros, on ne peut donc pas le faire".

Par exemple, la gestion interne de la tarification sur le site http://visa-schengen-assurance.com/ est très peu évolutive : aucune notion de date de validité de la tarification, aucune notion de garanties, etc.

Malgré qu'il ait été migré par étapes en quelque chose de plus évolutif, nous avons gardé le vieux code qui fait toute la tarification (cf. *6.2.2.2*). Supprimer l'ancien code pour en refaire un nouveau sera *plus long* que si cela avait été prévu dès la conception. Il aurait fallu à ce moment précis, poser une question judicieuse pour pouvoir correctement anticiper : "Quels sont les futurs types de produits que l'on pourrait imaginer proposer dans le cadre de l'espace Schengen ?", ou encore "Le produit Assurance Schengen contient certaines garanties, voudrez vous en ajouter, ou en rendre facultatives ?".

6.3.2 Si c'était à refaire...

Une erreur classique, qui est créée souvent par un savant mélange de contrainte de temps et de stress, consiste à partir la tête la première sur des bases décidées rapidement, sans avoir correctement évalué :

- soit l'existant ;
- soit l'état de l'art, dit autrement : toutes les alternatives possibles.

Si c'était à refaire, la première chose que je ferais consisterait à étudier de manière exhaustive, dans l'ordre :

- le métier à proprement parler, et ses produits ;
- le site existant ;
- les objectifs concernant le site ;
- puis seulement *après*, le côté technique.

Si j'avais agi ainsi, je me serais rendu compte de la simplicité, à la fois du concept, de l'affichage, et des objectifs commerciaux, et mes actions auraient été différentes de celles que j'ai mises en œuvre. Le site - malgré le fait que nous ayons atteint les objectifs fixés - aurait beaucoup gagné en souplesse, notamment en ce qui concerne la tarification. Pour résumer, j'aurais écrit entièrement le site en partant du le squelette applicatif qui était déjà opérationnel, et sans réutiliser le code d'origine.

6.3.3 Pour les projets à venir

Une des leçons principales retenue est qu'il faut toujours prendre son temps :

- pour faire l'analyse de l'existant ;
- pour analyser et comprendre en profondeur le ou les métiers concernés ;
- comprendre dans le détail les besoins réels, qui sont souvent mal exprimés ;
- faire un état de l'art (donc des outils que l'on pourrait utiliser) très exhaustif, avant de faire le choix définitif des outils que l'on emploiera.

Le mot clé est : **exhaustivité**.

En priorité :

- Si le projet part de rien, faire un cahier des charges fonctionnel *exhaustif* de l'application à venir ;
- Si le projet part de quelque chose d'existant, faire un cahier des charges fonctionnel *exhaustif* de l'application existante, puis faire un cahier des charges fonctionnel *exhaustif* de l'application à venir ;
- Faire un état de l'art *exhaustif* des outils existants.

Même si la personne qui gère le financement a souvent du mal à accepter de telles contraintes, et qu'il est souvent difficile de lui justifier que c'est nécessaire, je prendrai dorénavant le temps qu'il faudra pour faire ces trois points.

L'inconvénient majeur d'un tel choix c'est qu'il fait perdre à court terme de l'argent, sans résultat concret. Heureusement, il fait *à moyen et long terme* économiser bien plus.

7   Conclusion

Le projet présenté dans ce document avait deux objectifs :

- expliquer le fonctionnement d'un squelette applicatif (framework) multilingue souple, avec ses avantages et ses inconvénients ;
- mettre en place un site Internet et y intégrer le framework afin de pouvoir, grâce à ce dernier, atteindre plusieurs objectifs.

Ce projet a duré neuf mois et a été réalisé en trois phases qui ont donné lieu à la mise en production d'un site Internet qui a gardé le même fonctionnement, mais qui est techniquement complètement différent de son prédécesseur.

La qualité du site final correspond à nos objectifs : il est bien recensé, plus rapide, et peut s'afficher sur tous les navigateurs et médias récents, et ce, de la même façon. De plus, une augmentation progressive du taux de fréquentation a été notée jusqu'à maintenant, mai 2011, qui a été le meilleur mois depuis que les statistiques de fréquentation fonctionnent, soit 25 mois.

La rapidité de la mise en œuvre du multilingue a été vérifiée par deux fois : après avoir traduit en portugais tout le site, l'intégration de cette langue en production a duré moins d'une journée, et il en a été de même pour l'anglais : tout le site, paiement, recensement et génération des contrats inclus, est maintenant accessible en portugais et en anglais. Les langues à venir sont chinois mandarin et arabe.

L'avenir semble prometteur sur deux points :

- le premier concerne la mise à disposition du framework applicatif à la communauté Open Source, sous une licence qui reste à déterminer ;
- le second concerne l'avenir de PlusValue : on voit ce dernier s'éclaircir un peu grâce à ce projet, qui a été mené avec succès à son terme, qui fonctionne bien et permet de faire travailler trois personnes sans nécessiter de main d'œuvre.

Ce projet peut être encore amélioré : la tarification, la mise en place de nouveaux produits, et, dans le domaine de la téléphonie mobile, une gestion spécifique de l'affichage. C'est grâce à ce site, ses évolutions et l'expérience acquise, que nous mettons en place de nouveaux projets dans le domaine de l'assurance.

En ce qui me concerne, cette expérience a constitué un réel enrichissement professionnel et personnel. Enrichissement professionnel, car j'ai appris à superviser une équipe de développeurs sur plusieurs fronts, à gérer une équipe externe de graphistes et à utiliser beaucoup de nouveaux outils sur le système d'exploitation Linux. Enrichissement personnel, car j'ai appris non seulement à transmettre mes connaissances, mais également à prendre en compte le côté relationnel d'une équipe car lorsque l'on est chef de projet, la susceptibilité des uns et des autres est aussi importante que le côté technique.

Enfin, je pense que la gestion d'un projet, quelle que soit sa taille, est toujours une succession de moments intenses de stress, voire de panique lorsqu'on doit atteindre des objectifs dans des temps donnés, et de moments positifs, lorsque l'on constate que tout fonctionne. Ce sont des choses qui forgent les personnes qui y participent.

8 Remerciements

Je tiens à remercier M. Laloum, professeur des universités et président du jury, ainsi que M. Jean-Louis Brunel, professeur principal, pour leur investissement dans la filière ingénieur.

Je remercie aussi M. Charles Santoni, enseignant au CNAM et directeur du Département de Génie Industriel et Informatique et Directeur Adjoint chargé de la formation à l'école Polytech'Marseille, qui m'a suivi dans la conclusion de mon cursus durant la rédaction de ce mémoire.

Je remercie Mme Christiane Dubost et Mlle Alexandra Umanini, pour leur aide précieuse au quotidien, ainsi que M. Pascal Mayani, ingénieur système spécialiste noyau Linux, pour son aide précieuse et pour la qualité de ses prestations.

Merci également à toutes les personnes qui, via mon site Internet personnel, ont communiqué avec moi, et avec qui le plaisir d'échanger a toujours été grand.

Enfin, je tiens à exprimer ma reconnaissance à mes enfants Inès et Thibault pour leur affection intarissable, ainsi qu'à leur mère Sandrine sans qui je n'aurais pas été en mesure de réaliser cette étape importante de ma vie. Sandrine, je te souhaite à mon tour d'atteindre ton objectif en réussissant tes études d'infirmière et espère sincèrement pouvoir te rendre la pareille.

Olivier Pons - MÉMOIRE INGÉNIEUR CNAM - 30 juin 2011

9   Index des illustrations

10 Bibliographique

[B-1] Joël Spolsky, « Joel on Software: And on Diverse and Occasionally Related Matters That Will Prove of Interest to Software Developers, Designers, and Managers, and to Those Who, Whether by Good Fortune or Ill Luck, Work with Them in Some Capacity », APress, 2004

[B-2] Nirav Mehta, « Choosing an Open Source CMS Beginner's Guide », Packt Publishing, 2009

[B-3] Mark Noble, « Drupal 7 First Look », Packt Publishing, 2011

[B-4] Eric Tiggeler, « Joomla! 1.6 First Look », Packt Publishing, 2011

[B-5] April Hodge Silver, « Wordpress 3 Complete », Packt Publishing, 2011

[B-6] Mary Cooch, « Moodle 2.0 First Look », Packt Publishing, 2011

[B-7] Antano Solar John, « ModX web Development, 2nd Edition », Packt Publishing, 2011

[B-8] João Prado Maia, « PHP Template Programming and Applications », Packt Publishing, 2006

[B-9] Bogdan Brinzarea-Iamandi, Cristian Darie, « AJAX and PHP: Building Modern Web Application, 2nd Edition », Packt Publishing, 2011

[B-10] Shakeel Ali, « BackTrack 4: Assuring Security by Penetration Testing », Packt Publishing, 2011

11 Webliographie

[W-1]   Plus de 80 balises Internet spécifiques à la fondation Mozilla :
https://developer.mozilla.org/en/css_reference/mozilla_extensions,

Plus de 95 balises propres aux navigateurs Webkit (Safari) :

http://css-infos.net/properties/webkit.PHP,

Plus de 70 balises propres aux navigateurs Microsoft

(avec parfois des balises uniques par version) :

http://msdn.microsoft.com/en-us/library/ms531207(v=vs.85).aspx

[W-2]   Définition W3C - http://fr.wikipedia.org/wiki/World_Wide_Web_Consortium

[W-3]   Validateur HTML - http://validator.w3.org/unicorn/

[W-4]   Validateur CSS - http://jigsaw.w3.org/css-validator/

[W-5]   WAI (Web Accessibility Initiative) - http://www.w3.org/WAI/

[W-6]   Lecteurs Internet en braille - http://www.humanware.com/en-europe/home

[W-7]   MySQL et UTF-8 - http://dev.mysql.com/doc/refman/5.0/fr/charset-metadata.html

[W-8]   PostgreSQL charsets - http://www.postgresql.org/docs/8.3/static/multibyte.html

[W-9]   Firebird - http://www.firebirdsql.org/en/firebird-2-5-release-description/

[W-10] Oracle Best practices guide - http://www.oracle.com/us/solutions/sap/asm-bestpractices-304655.pdf

[W-11] Définition de l'UTF-8 - http://fr.wikipedia.org/wiki/UTF-8

[W-12] Jeu de caractère et collation - http://dev.mysql.com/doc/refman/5.0/fr/charset-server.html

[W-13] Apache : négociation de contenu - http://httpd.apache.org/docs/2.2/fr/content-negotiation.html

[W-14] Le paramètre HTTP charset - http://www.w3.org/International/O-HTTP-charset

[W-15] PHP : pourquoi il est plus fiable d'initialiser les variables - http://PHP.net/manual/en/language.variables.basics.PHP

[W-16] Définition du terme "Open-source" - http://fr.wikipedia.org/wiki/Open_source

[W-17] Règles de performance - http://developer.yahoo.com/performance/rules.html

[W-18] Recherche avancée sur la performance - Tenni Theurer - http://yuiblog.com/blog/2007/01/04/performance-research-part-2/

[W-19] Apache - mod_expire - http://httpd.apache.org/docs/2.0/mod/mod_expires.html

[W-20] Activer la compression Gzip - http://css-tricks.com/snippets/htaccess/active-gzip-compression

[W-21] JSMin - http://www.crockford.com/javascript/jsmin.html

[W-22] YUI Compressor - http://developer.yahoo.com/yui/compressor/

[W-23] Apache mod rewrite - http://httpd.apache.org/docs/current/mod/mod_rewrite.html

[W-24] Apache serveur hardening -
http://security.stackexchange.com/questions/77/apache-server-hardening

[W-25] Comment écrire des commentaires destinés à de la documentation pour l'outil
JavaDoc - http://www.oracle.com/technetwork/java/javase/documentation/index-137868.html

Oui, je veux morebooks!

I want morebooks!

Buy your books fast and straightforward online - at one of the world's fastest growing online book stores! Environmentally sound due to Print-on-Demand technologies.

Buy your books online at
www.get-morebooks.com

Achetez vos livres en ligne, vite et bien, sur l'une des librairies en ligne les plus performantes au monde!
En protégeant nos ressources et notre environnement grâce à l'impression à la demande.

La librairie en ligne pour acheter plus vite
www.morebooks.fr

OmniScriptum Marketing DEU GmbH
Heinrich-Böcking-Str. 6-8
D - 66121 Saarbrücken
Telefax: +49 681 93 81 567-9

info@omniscriptum.com
www.omniscriptum.com

www.ingramcontent.com/pod-product-compliance
Lightning Source LLC
LaVergne TN
LVHW042348060326
832902LV00006B/461